高等职业教育汽车运用与维修专业教材

汽车检测技术
（第三版）

主　编　归艳荣

中国劳动社会保障出版社

图书在版编目(CIP)数据

汽车检测技术/归艳荣主编. -- 3 版. -- 北京：中国劳动社会保障出版社，2018
高等职业教育汽车运用与维修专业教材
ISBN 978-7-5167-3654-8

Ⅰ. ①汽…　Ⅱ. ①归…　Ⅲ. ①汽车-故障检测-高等职业教育-教材　Ⅳ. ①U472.9

中国版本图书馆 CIP 数据核字(2018)第 206103 号

中国劳动社会保障出版社出版发行

（北京市惠新东街 1 号　邮政编码：100029）

*

三河市华骏印务包装有限公司印刷装订　新华书店经销

787 毫米×1092 毫米　16 开本　6.75 印张　146 千字

2018 年 12 月第 3 版　2021 年 8 月第 3 次印刷

定价：20.00 元

读者服务部电话：(010)64929211/84209101/64921644

营销中心电话：(010)64962347

出版社网址：http://www.class.com.cn

前　言

高等职业教育汽车运用与维修专业教材作为国家级职业教育规划教材，自出版以来，受到了广大相关职业院校师生的好评。为了更好地服务社会，为广大师生提供实用、好用的教材，中国劳动社会保障出版社适时地对这套教材进行了改版。改版教材是在充分考虑我国汽车运用与维修职业教育特点的基础上，依据最新的法规、标准和技术发展成果，由学术水平高、教学经验丰富的教师编写而成。教材在以下方面进行了尝试和创新：

一、在品种上进行了优化。教材在上一版次的基础上，保留了反响较好的品种，去掉了适用性差的品种，增加了一些学校急需品种。改版后的教材共有25个品种，分别为《汽车营销（第三版）》《汽车文化》《新能源汽车概论》《无人驾驶汽车概论》《汽车电气设备构造与维修（第二版）》《汽车车身电气设备系统及附属电气设备检修（第二版）》《汽车总线技术》《汽车销售实务》《汽车售后服务管理》《汽车专业英语（第三版）》《商用车电气系统检修》《柴油发动机构造与控制系统检修》《汽车底盘构造与维修（第二版）》《汽车构造（第三版）》《汽车机械基础（第二版）》《汽车车身修复技术（第二版）》《汽车机械识图》《汽车机械识图习题册》《汽车故障诊断技术（第二版）》《二手车鉴定及评估（第二版）》《汽车发动机构造与维修（第三版）》《汽车检测技术（第三版）》《汽车维修技术（第二版）》《汽车维修质量检验（第二版）》《汽车自动变速器原理与维修（第三版）》。

二、在内容上作了更新。改版教材参考了现行的法律法规、技术标准等规范性文件，吸收了最新的维修技术和方法，在车型的选择上，既着眼于主流车型，又兼顾院校的教学实际，因此，教材能够满足大多数院校的教学使用要求。为了给教师提供更多的教学便利，每套教材还配有精心制作的PPT课件，尽量采用多媒体的元素来展现教学内容，从而使教学更直观、更轻松。

三、在理念上选择了坚持。同上一版教材一样，改版教材仍然坚持以职业为导向，以能力培养为目标，以适用、够用为原则，实现知识和技能的合理统一。

四、在编写风格上进行了继承和发展。改版教材继承了上一版的编写风格，对图片的质量进行了大幅的提升，强调尽量以表格的形式对内容进行总结、归纳，增加了“技术提示”“安全提示”“环保提示”等模块，以利于学生在学习专业知识的同时，也了解一些紧密相关的其他知识。

五、在服务上进行了大胆的创新。选用教材的教师可以加入教材交流 QQ 群，通过这个平台教师可以下载资源、浏览样张、分享经验、反馈意见、与主编和出版者交流，享受一对一、面对面的贴心服务。教材 QQ 交流群号：577237654。

编　者

2018 年 8 月

内 容 简 介

本书是高等职业教育汽车运用与维修专业规划教材，根据《汽车运用与维修专业领域技能型紧缺人才培训指导方案》以及汽车行业标准、技能规范和技术工人等级标准编写而成。

主要内容包括：汽车检测技术基础知识、汽车检测、汽车检验、整车与发动机检测、汽车底盘检测、照明与车速表检测、汽车排放和噪声检测七章。本书以安全检测为主，系统阐述了汽车各总成及其部件的检测原理、检测标准及检测设备的使用方法。

本书主要供高等职业院校汽车运用与维修专业教学使用，也可作为汽车运输工程人员和相关行业技术人员的学习参考用书。

目　　录

第一章　汽车检测技术基础知识

学习目标

1. 了解汽车检测的基本概念。
2. 了解汽车性能检测的目的。
3. 了解智能化汽车检测系统的优势。

第一节　汽车检测的目的和方法

一、汽车检测的概念

汽车检测是确定汽车技术状况或工作能力的检查，目的是判断汽车技术状况是否处于规定水平，是否达到合格指标，检测后做出的结论是合格还是不合格。若要查明不合格的原因，需要进行进一步检测和诊断。汽车检测在交通管理、维修及汽车制造企业中得到广泛的应用，在车辆管理、交通安全、环境保护和维修中发挥着巨大作用。目前世界各国除不断提高汽车的性能和完善结构外，均对在用车进行定期和不定期的检测，以保证车辆具有良好的技术状况。

二、汽车检测的目的

汽车在使用过程中，随着行驶里程的增加，汽车的技术状况逐渐变差，出现动力性能下降、经济性下降、排放污染物增加、使用可靠性降低、故障率上升等现象，严重时汽车不能正常运行。汽车检测的目的可以归纳为以下几个方面：

1. 保证交通安全

随着交通运输事业的发展，交通事故也在日益增加。造成事故的原因，大致分为驾驶员、行人、车辆、道路环境和气候五个方面。其中，汽车制动、转向、照明等技术原因造成的事故，约占事故总量的25%。因此，对汽车性能进行定期检查和调整，使其处于良好的技术状况，对保证交通安全是非常必要的。

2. 减少环境污染

汽车排放的尾气中含有上百种化合物，其中对人和生物直接有害的物质主要是CO、

HC、NO_x、铅化物以及炭烟颗粒等。这些气体能够污染大气，破坏人类的生存环境。在大城市中交通阻塞、人口密集的地区，汽车排气污染更加严重，使当地居民深受其害。此外，汽车噪声、电磁波干扰也是环境污染因素。国家通过对汽车进行定期检测的方法，严格限制汽车产生的废气和噪声污染。污染超标的车辆不准上路，必须及时修理。

3. 改善汽车性能

通过定期检查测试，既可以使汽车保持良好的技术状况，改善汽车性能，还可以延长汽车的使用寿命。

三、汽车的技术状况

汽车技术状况变化的主要原因是：零件间的运动摩擦导致零件磨损，使运动间隙发生变化，零件在交变载荷作用下产生疲劳变形使运动规律发生变化；有害气体对零件的腐蚀使形状、尺寸发生变化；橡胶及塑料等元件的老化使其丧失了本身的功能；气候条件和道路环境的不断变化加剧了零件的损坏；没有按规范要求合理使用也会缩短零件的使用寿命。汽车技术状况的变化过程是必然的，但是如果按一定周期检测汽车的技术状况，采取相应的维修措施，可以保持良好的技术状况，延长汽车的使用寿命。

第二节　汽车检测设备

汽车检测作业中，为了获得参数测量值，检测人员要选择合适的测量仪表、仪器或设备，组成检测系统，在一定的测量条件和测量方法下，对汽车进行检测、分析和判断。

一、汽车检测系统的基本组成

汽车检测系统一般由传感器、变换及测量装置、记录及显示装置、数据处理装置等组成，如图 1—1 所示。

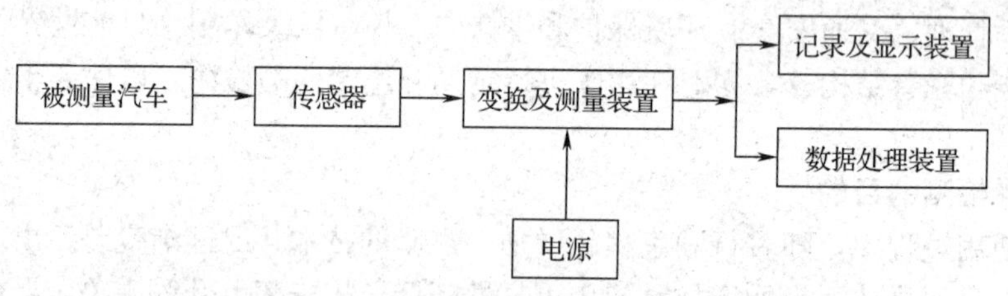

图 1—1　汽车检测系统基本组成框图

二、智能化汽车检测系统

现代汽车检测应用比较广泛的是智能化检测系统，它是指以计算机为基础而设计制造出来的一种新型检测系统。智能化检测系统一般由传感器、放大器、A/D 转换器、微机系统、显示器、打印机和电源等组成。

智能化检测系统以微处理器作为控制单元，把系统中各个测量环节有机地结合起来，通过计算机实现了如编程、自动控制、数据处理、分析判断、存储打印等功能，因此是一种自动控制的、新型的检测系统。该系统与一般检测系统相比具有以下特点：

1. 自动零位校准和自动精度校准

为了消除由于环境条件的变化使放大器的增益发生变化所造成的仪器零点漂移，智能检测系统设置有自动零位校准功能，采用程序控制的方法，在输入接地的情况下，将漂移电压存入随机存储器中，经过运算即可从测量值中消除零点漂移。

2. 自动量程切换

智能检测系统中的量程切换一般是通过软件来实现的。软件采用逐级比较的方法，从大到小（从高量程到低量程）自动进行检测，一旦判定出被测参数所属量程，程序即自动完成量程切换。

3. 功能自动选择

智能检测系统中的功能选择实际上是在数字仪表上附加时序电路来实现的。系统对仪表的各功能键进行统一编码，由 CPU 发送各种控制码，通过接口芯片来控制各个电子开关的启闭，从而进行功能的选择。在测量过程中，检测系统能自动选择或自动改变测量功能。

4. 自动数据处理和误差修正

智能检测系统有很强的自动数据处理功能。例如，能按线性关系、对数关系及乘方关系，求取测量值相对于基准值的各种比值，并能进行各种随机量的统计分析和处理，求取测量值的平均值、方差值、标准偏差值、均方根值等。对于系统误差的修正，由于往往事先知道被测量的修正量，故在智能检测系统中，这种误差的修正就变得更为简单。除此之外，智能检测系统还能对非线性参数进行线性补偿，使仪器的读数线性化。

5. 自动定时控制

自动定时控制是某些测量过程所需要的。智能检测系统实现自动定时控制有两种方法：一种是用硬件完成，例如某些微处理器中就有硬件定时器，可以向 CPU 发出定时信号，CPU 会立即响应并进行处理；另一种是用软件达到定时的目的，即编制固定的延时程序，可实现自动定时控制。后者操作方法简单，但定时精度不如前者高。

6. 自动故障诊断

智能检测系统可设置故障自检系统，检测到故障时自动显示故障部位，大大缩短诊断故障的时间，实现快速诊断。

7. 功能强大

一些综合性智能检测系统，如发动机综合测试仪、故障解码器、新型示波器等，能针对不同车系进行检测诊断；不仅能检测发动机的电控系统，而且能检测自动变速器、防抱死制动装置、安全气囊、电子悬架、巡航系统和空调的电控系统；不仅能读出故障码、清除故障码，还能读出数据流，进行系统测试等。

8. 使用方便

发动机综合测试仪、故障解码器、新型示波器和四轮定位仪等检测设备均设有菜单式操作按钮，使用中只要点击菜单，选择要测试的内容即可，操作非常方便。

三、汽车检测设备的使用和维护

为了使检测设备保持良好的技术状况，必须做好日常的使用与维护等工作。

（1）检测设备的使用环境，如温度、湿度、灰尘、振动等必须符合其使用说明书的规定，否则应采取必要的措施。

(2) 指针式检测设备在使用前应检查指针是否在机械零点位置上，否则应进行调整。

(3) 检测设备如需预热，使用前应按规定时间进行预热。

(4) 应按使用说明书规定的方法对检测设备进行校准和调整，符合要求后才能投入使用。

(5) 电源开关不宜频繁开启和关闭。

(6) 检测设备的电源电压应在额定值±5%的范围内，并应进行交流滤波。

(7) 严格防止高压电窜入控制线和信号线内，控制线、信号线不宜过长。

(8) 检测设备使用完毕应及时关闭电源，有降温要求的应使机内风扇继续工作数分钟，直至温度降至符合要求为止。

(9) 要经常检视检测设备传感器的外部状况，如有破损、松动、位移、积尘和受潮等现象，应及时处理。

(10) 检测设备积尘，可定期用毛刷或吸尘器等进行清除，严禁用有机溶剂和湿布等擦拭内部元件。

第二章　汽 车 检 测

学习目标

1. 了解汽车检测的种类。

2. 了解汽车性能检测的主要内容。

3. 了解检测站的任务和类型。

第一节　汽车检测类型

一、汽车检测的分类

汽车检测根据目的不同分为以下三类：

1. 安全环保检测

安全环保检测是在汽车不解体的情况下，对影响汽车安全性能及涉及环境保护方面的项目进行检查和测试。

2. 综合性能检测

综合性能检测是综合运用现代检测技术、电子技术、计算机应用技术，对汽车在不解体的情况下，进行定期和不定期综合性能检测。

3. 故障诊断检测

故障诊断检测是利用各种检测仪器和设备，充分利用电子控制技术的特点，获取汽车的各种数据，并根据这些数据判断汽车的技术状况，对汽车故障作出科学、准确的诊断，使汽车的故障诊断从定性诊断发展为定量诊断。

本书主要讲述安全环保检测和综合性能检测。

二、安全环保检测

汽车安全环保检测以涉及汽车行驶安全及环保的项目为主要检测内容，其目的是确定汽车性能是否满足有关汽车运行安全和防治公害等法规的规定。根据检测手段的不同，安全环保检测分为外检和有关性能的检测。

（1）外检通过目测和实际操作来完成，其主要内容有以下方面：

1）检查车辆号牌、行车执照有无损坏、涂改、字迹不清等情况，校对行车执照有关项目与车辆的各种数据是否一致。

2）检查车辆是否经过改装、改型、更换总成，其更改是否经过审批及办理过有关手续。

3）检查车辆外观是否完好，连接件是否紧固，是否有滴漏（漏水、漏油、漏气、漏电）现象。

4）检查车辆整车及各系统是否满足《机动车运行安全技术条件》所规定的基本要求。

（2）对汽车有关性能的检测是采用专用检测设备对汽车进行规定项目的检测，主要有转向轮侧滑、制动性能、车速表误差、前照灯性能、废气排放、喇叭声级和噪声等项指标。

三、综合性能检测

汽车综合性能检测是对在用车辆的技术状况进行检测诊断，以确保车辆安全运行，提高工作效率和降低运行消耗。根据国家有关标准的要求，汽车综合性能检测的主要内容包括：

（1）汽车的安全性（制动、侧滑、转向等）。

（2）可靠性（异响、磨损、变形、裂纹等）。

（3）动力性（车速、加速能力、底盘输出功率、发动机功率、转矩等）。

（4）燃油经济性。

（5）噪声和废气排放状况。

汽车工业已成为当今社会的一大支柱产业，保有量越来越大。用现代、科学、快速、定量、准确和全面的手段检测汽车的技术状况，是保证汽车更好地发挥动力性、经济性、安全性、排放性、平顺性、稳定性、可靠性等性能的重要手段。汽车检测站是综合运用现代检测技术，对汽车实施不解体检测的机构，具有现代的检测设备和检测方法，能在室内检测出车辆的各种参数，为全面、准确地评价汽车的使用性能和技术状况提供可靠的依据。汽车检测站不仅是车管机关或行业对汽车技术状况进行检测和监督的机构，而且已成为汽车制造企业、汽车运输企业、汽车维修企业中不可缺少的重要组成部分。

第二节　汽车检测站

一、汽车检测站的任务和类型

1. 汽车检测站的任务

汽车检测站的主要任务如下：

（1）对在用车辆的技术状况进行定期与不定期检测诊断，保证车辆的良好技术状况，指导合理使用车辆。

（2）对汽车维修行业的维修车辆进行质量检测，以便监督车辆的维修工作质量。

（3）接受委托，对车辆改装、改造、报废及其有关新工艺、新技术、新产品、科研成果等项目进行检测，提供检测结果。

（4）接受公安、环保、计量和保险等部门的委托，为其进行有关项目的检测，提供检测结果。

（5）对车辆实施全面诊断，为维修作业提供可靠依据，缩短停场（厂）时间，提高车辆完好率。同时，在汽车检测诊断过程中所积累的大量技术资料，为汽车改进设计、改进维修工艺等提供科学依据。

2. 汽车检测站的类型

（1）根据服务对象和检测内容分类。根据服务对象和检测内容，汽车检测站可分为汽车安全检测站、汽车综合性能检测站和汽车维修检测站三类。

1）汽车安全检测站是国家的执法机构，不是盈利型企业，主要检测汽车与安全及环保有关的项目，受公安机关车辆管理部门的委托，承担下列任务：汽车申请注册登记时的初次检验、汽车定期检验、汽车临时检验和汽车特殊检验（包括事故车辆、外事车辆、改装车辆和报废车辆等的技术检验）。主要检测车辆中与安全和环保有关的项目，以保证汽车安全行驶，并把污染降低到允许的限度。这种检测站对检测结果往往只显示“合格”“不合格”两种，而不作数据显示和故障分析。检测合格的车辆凭检测结果报告单办理年审签证，在有效期内准予车辆行驶。这种检测站一般由车辆管理机关直接建立，或由车辆管理机关认可的汽车运输企业、汽车维修企业建立，也可多方联合建立。

2）汽车维修检测站主要是从车辆使用和维修的角度，担负车辆维修前、维修后的技术状况检测。它能检测车辆的主要使用性能，并能进行故障分析与诊断。它一般由汽车运输企业或汽车维修企业建立。

3）汽车综合性能检测站能对汽车的安全性、可靠性、动力性、燃油经济性、噪声和废气排放状况等进行全面的检测，可代表交通运输管理部门对车辆的技术状况和维修质量进行监控，保证车辆运行安全，提高运输效率，降低运行消耗。汽车综合性能检测站还能承接科研或教学方面的性能试验和参数测试。这种检测站检测设备多，自动化程度高，数据处理迅速准确，因而功能齐全，检测项目丰富。汽车综合性能检测站一般有两条检测线，一条是安全环保检测线，另一条是综合性能检测线。检测项目既保留了安全环保的检测项目，又增加了汽车动力性、经济性、可靠性等项目，同时还加入了一些诊断功能，如发动机故障诊断、前轮定位故障诊断等。

（2）按规模大小分类。按规模大小，检测站可分成大、中、小三种类型。

1）大型检测站检测线多，自动化程度高，年检能力大，能检测多种车型。大型综合检测站可成为一定地区范围内的检测中心。

2）中型检测站至少有两条检测线，目前国内建成或正在筹建的检测站多为这种类型。

3）小型检测站主要指那些服务对象单一的检测站，如规模不大的安全检测站和维修检测站，不能担负更多的检测任务。这种检测站具有一条或两条作用相同的检测线。如果只有一条检测线，它往往能兼顾大、小型车的检测。如果有两条检测线，其中一条检测线往往专门检测小型车，而另一条检测线则大、小型车兼顾。这种规模的检测站，在国外较为常见。

（3）按自动化程度分类。按自动化程度，检测站可分为手动、半自动和全自动三种类型。

1）手动检测站由人工手动控制检测过程，从各单机配备的指示装置上读数，笔录检测结果或由单机配备的打印机打印检测结果，因而工作人员多，检测效率低，读数误差大，多适用于维修检测站。

2）全自动检测站利用计算机将检测线上各检测设备连接起来，除车辆的外观检测仍需人工进行外，其他检测过程已实现完全自动化，如设备的启动与运转、数据采集、分析判断、存储、显示和集中打印报表等。全自动检测站自动化程度高，检测效率高，能避免人为判断错误，获得广泛的应用。

3）半自动检测站的自动化程度介于手动检测站和全自动检测站之间，一般是在手动检测站的基础上使部分检测设备（如侧滑试验台、制动试验台、车速表试验台等）通过计算机联网以实现自动控制，而另一部分检测设备（如烟度计、废气分析仪、声级计等）仍然手动操作。当计算机联网的检测设备因故不能进行自动控制时，各检测设备仍可手动使用。

（4）按站内检测线数分类。按站内检测线数，检测站可分成单线检测站、双线检测站、三线检测站等多种类型。站内有几条检测线就可以称为几线检测站。

（5）综合检测站按职能分类。综合检测站按职能，可分为A级站、B级站和C级站三种类型。

1）A级站：能全面承担检测任务。能检测车辆的侧滑、轴重、制动、灯光、转向、车轮定位、车速、车轮动平衡、底盘输出功率、燃料消耗、发动机功率、点火系、异响、磨损、变形、裂纹、噪声、废气排放等状况。

2）B级站：能承担在用车辆技术状况和车辆维修质量的检测，能检测车辆的侧滑、轴重、制动、灯光、转向、车轮动平衡、底盘输出功率、燃料消耗、发动机功率、点火系、异响、变形、噪声、废气排放等状况。

3）C级站：能承担在用车辆技术状况的检测，能检测车辆的侧滑、轴重、制动、灯光、转向、车轮动平衡、燃料消耗、发动机功率、异响、噪声、废气排放等状况。

二、汽车检测站组成及汽车检测线工位布置

1. 汽车检测站组成

汽车检测站主要由一条至数条检测线组成。对于独立而完整的检测站，除检测线外，还应包括停车场、清洗站、泵气站、维修车间、办公区和生活区等设施。

（1）安全检测站。一般由一条至数条安全环保检测线组成。有两条以上安全环保检测线时，一般一条为大、小型汽车通用自动检测线，另一条为小型汽车的专用自动检测线，有的还配备一条新规检测线（对新车登录、检测之用）和一条柴油车排烟检测线。

（2）综合检测站。一般由安全环保检测线和综合检测线组成，可以各为一条，也可以各为数条。国内交通系统建成的检测站大多属于综合检测站，如图2—1所示。

2. 汽车检测线的工位布置

不管是安全环保检测线，还是综合检测线，它们都由多个检测工位组成，布置形式多为直线通道式，即检测工位按一定顺序分布在直线通道上，有利于流水作业。

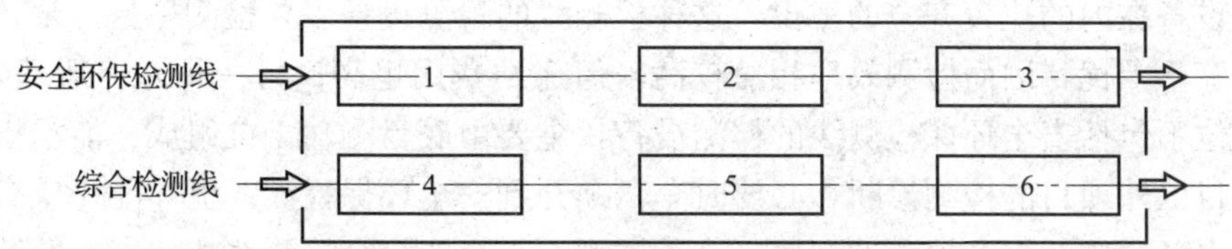

图 2—1　双线综合检测站平面布置示意图

1—外观检查工位　2—侧滑制动车速表工位　3—灯光尾气工位

4—外观检查及车轮定位工位　5—制动工位　6—底盘测功工位

（1）安全环保检测线。手动和半自动的安全环保检测线，一般由外观检查（人工检查）工位、侧滑制动车速表工位、灯光尾气工位三个工位组成。全自动安全环保检测线可以由三工位、四工位或五工位组成。五工位一般是汽车资料输入及安全装置检查工位、侧滑制动车速表工位、灯光尾气工位、车底检查工位、综合判定及主控制室工位。图 2—2 所示为国产五工位全自动安全环保检测线。

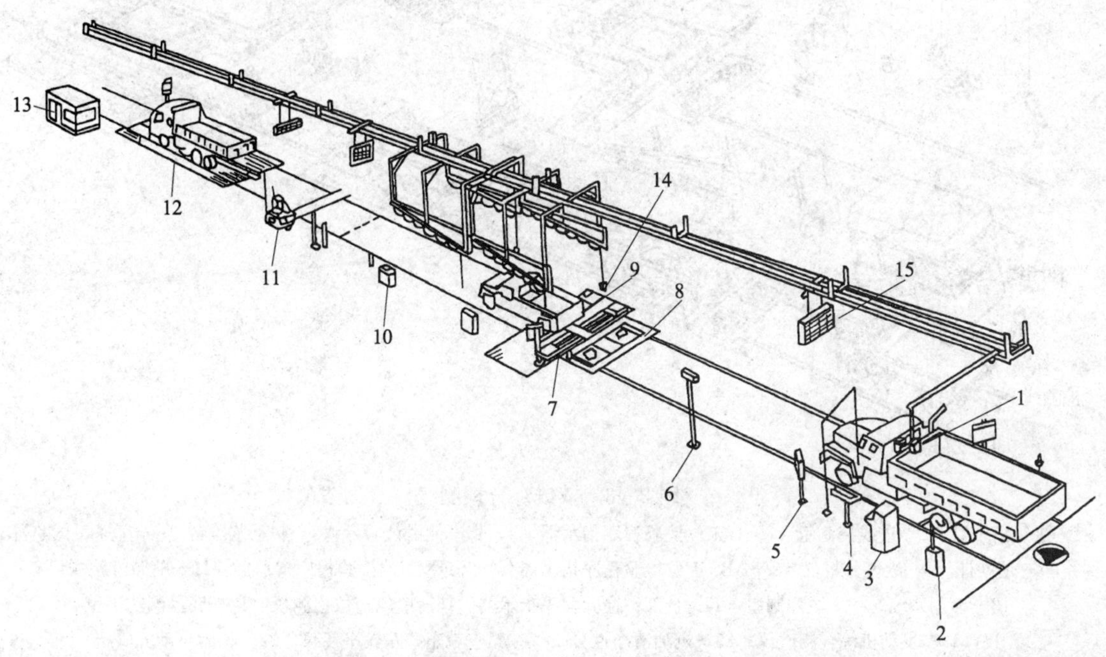

图 2—2　国产五工位全自动安全环保检测线

1—进线指示灯　2—烟度计　3—汽车资料登录计算机　4—安全装置检查不合格项目输入键盘

5—烟度计检验程序指示器　6—电视摄像机　7—制动试验台　8，9—车速表试验台

10—废气分析仪　11—前照灯检测仪　12— 车底检测工位　13—主控制室

14—车速表检测申报开关　15—检验程序指示器

（2）综合检测线。国内综合检测站一般设置两条检测线，一条为安全环保检测线，主要承担车管部门对车辆进行年审的任务；另一条为综合检测线，主要承担对车辆技术状况的检测诊断。其综合检测线一般有两种类型：一种是全能综合检测线，设有包括安全环保检测线

主要检测设备在内的比较齐全的工位，这种检测线的检测设备多，检测项目齐全，与安全环保检测线互不干扰，因而检测效率相对较高，但建站费用也高；另一种是一般综合检测线，设置的工位不包括安全环保检测线的检测设备，主要由底盘测功工位组成，能承担除安全环保检测项目以外项目的检测诊断，必要时车辆须开到安全环保检测线上才能完成有关项目的检测，国内已建成的综合检测站多属于这种类型。与全能综合检测线相比，一般综合检测线设备少，建站费用低，但检测效率低。

图 2—3 所示的综合检测线是一种接近全能的综合检测线，由发动机测试及车轮平衡检测、底盘测功、前轮定位检测及车底检测三个工位以及安全环保检测线上检测项目工位组成。

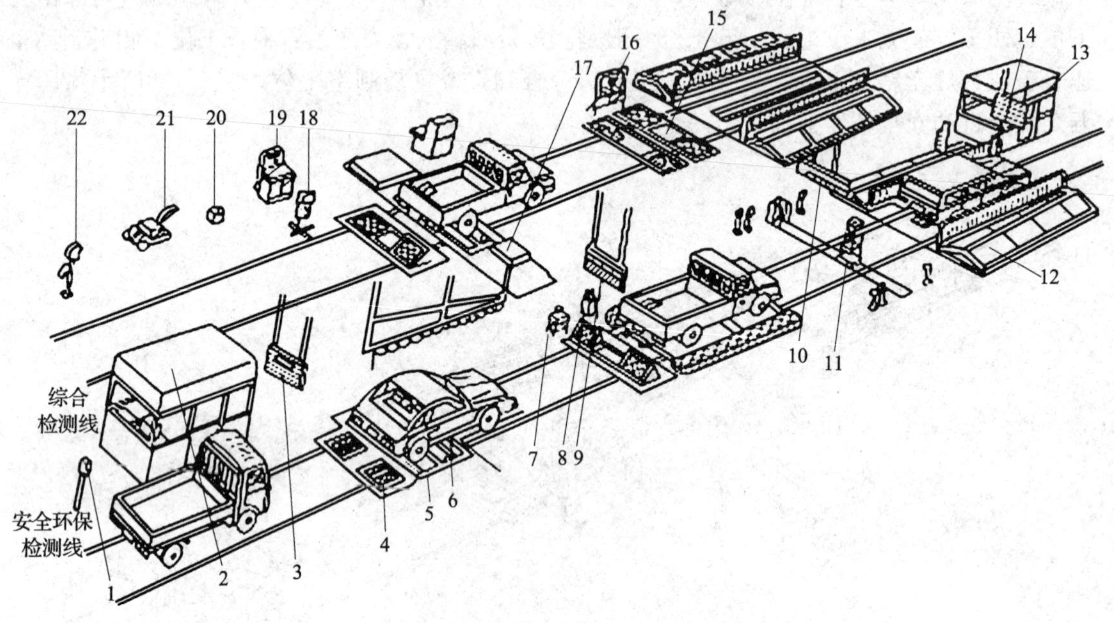

图 2—3　双线综合检测线

1—进线指示灯　2—进线控制室　3—L 工位检验程序指示器　4，15—侧滑试验台　5—制动试验台　6—车速表试验台　7—烟度计　8—废气分析仪　9—ABS 工位检验程序指示器　10—HX 工位检验程序指示器　11—前照灯检测仪　12—地沟系统　13—主控制室　14—P 工位检验程序指示器　16—前轮定位检测仪　17—底盘测功工位　18，19—发动机综合测试仪　20—机油清净性分析仪　21—就车式车轮平衡仪　22—轮胎自动充气机

在综合检测线的工艺布局上，我国车检工作者认真总结了全国各地综合检测站的经验，充分考虑了各个综合检测站检测车间的实际长度（一般为 60 m，不能加长），经过反复计算、充分论证，把综合检测线分为八个工位：第一工位是尾气、烟度、轴重、车速表检测工位；第二工位是制动力（包括小车线上的平板制动）、制动踏板力和操纵力检测工位；第三工位是灯光、侧滑、声级检测工位；第四工位是地沟检测工位；第五工位是惯性式底盘测功、燃料消耗检测工位；第六工位是发动机性能综合检测工位；第七工位是转向参数测量、油质分析、车轮动平衡、车轮定位检测工位；第八工位是汽车底盘间隙检测、传动系游动角度检测工位。

注意
汽车悬架性能和喷淋的检测在检测车间外部进行。

在实际的工艺布局上，将八个工位分别安排在两条检测线上，即把第一工位至第四工位安排在一条检测线上，把第五工位至第八工位安排在另一条检测线上。

三、汽车检测线设备与检测项目

1. 安全环保检测线

以如图 2—2 所示五工位全自动安全环保检测线为例，表 2—1 所示为主要检测项目、设备及其用途。

表 2—1　　全自动安全环保检测线主要检测项目、设备及其用途

检测工位	检测项目	设备名称	设备用途
汽车资料输入及安全装置检测工位	检测汽车的灯光、安全装置、防护装置、操纵装置、工作仪表和车身等是否装备齐全、工作正常、连接可靠和符合规定	进线指示灯	控制进线车辆，绿灯进、红灯停
		汽车资料登录计算机	登录汽车资料，并发送给主控计算机
		工位测控计算机	工位检测过程监控、数据采集处理等
		检验程序指示器	指示工位检测程序，下达操作指令，显示检测结果，引导车辆前进
		轮胎自动充气机	按设定的轮胎气压自动充气
		轮胎花纹测量器	测量轮胎花纹深度
		检测手锤	检查各连接件、车架等是否松动或开裂
		不合格项目输入键盘	将车上、车下外观检查中的不合格项目报告主控计算机
		监察电视或摄像机	供主控室监察地沟及整个检测线的工作情况
侧滑制动车速表工位	侧滑检测、轴重检测、制动检测、车速表检测	侧滑试验台	检测转向轮侧滑量
		轴重计或轮重仪	检测各轴轴重
		制动试验台	检测各轮拖滞力、制动力和驻车制动力
		车速表试验台	检测车速表指示误差
		车速表检测申报开关或遥控器	当试验车速达 40 km/h 时按下此开关或遥控器，计算机采集此时的实际车速数
		光电开关	当车轮遮挡光电开关时，光电开关产生的信号输入计算机，报告车辆到位，计算机安排检测开始
		反光镜	供驾驶员观察车轮到达试验台或停车线的位置
灯光尾气工位	前照灯检测、排气检测、喇叭声级检测	前照灯检测仪	检测前照灯发光强度和光轴偏斜量
		废气分析仪	检测汽油车排气中的 CO 和 HC 浓度
		烟度计	检测柴油车排气中的自由加速烟度
		声级计	检测喇叭声级
		停车位置指示器	指引汽车在灯光尾气工位停车线上准确停车

续表

检测工位	检测项目	设备名称	设备用途
车底检测工位	车辆底部外观检测	地沟内举升平台	使地沟内的检测人员在高度上处于较有利的工作位置
		对讲话筒及扬声器	用于地沟上下的通话联系
		地沟内报警灯或报警器	报告车辆到达车底检查工位
综合判定及主控制室工位	对各工位检测结果进行综合判定后，打印检测结果报告单	主控计算机	安排检测程序，对照检测标准，综合判定并存储、打印检测结果
		打印机	打印检测结果报告单
		控制台	主控计算机、键盘、显示器、打印机、监察电视等均安放在控制台上，是全线的控制中心
		主控制键盘	当计算机系统出现故障不能使用时，可通过主控制键盘对各工位实施控制，以不间断检测工作
		稳压电源和不间断电源	稳定电压，不间断供电

2. 综合检测线

以外观检测及车轮定位工位、制动工位和底盘测功工位组成的三工位全能综合检测线为例，其主要设备及其用途见表 2—2（与表 2—1 中相同的设备未列出）。

（1）外观检测及车轮定位工位

1）主要设备。轮胎自动充气机、轮胎花纹测量器、检测手锤、地沟内举升平台、地沟上举升器、就车式车轮平衡仪、超声波探伤仪、侧滑试验台、四轮定位仪或车轮定位检测仪、转向盘自由转动量检测仪、转向盘转向力检测仪、传动系游动角度检测仪、底盘间隙检测仪等。

表 2—2　　三工位全能综合检测线主要设备及其用途

序号	设备名称	设备用途
1	地沟上举升器	举起车辆使车轮离地
2	就车式车轮平衡仪	就车检测车轮不平衡量，并通过配重使车轮平衡
3	超声波探伤仪	在不解体情况下探测零件的裂纹和损伤
4	四轮定位仪或车轮定位检测仪	检测车轮前束值、车轮外倾角和主销后倾角、主销内后倾角及前轮最大转向角
5	转向盘自由转动量检测仪	检测转向盘自由转动量
6	转向盘转向力检测仪	检测转向盘转向力
7	传动系游动角度检测仪	检测传动系自由转动量
8	底盘间隙检测仪	检测轮毂轴承、转向节主销、纵横拉杆和钢板弹簧销等处的间隙
9	底盘测功试验台	检测驱动车轮的输出功率或驱动力，模拟道路行驶，做各种性能试验，进行动态检测诊断等
10	发动机综合测试仪	对发动机的功率、气缸压力、点火正时、供油正时、点火系技术状况、供油系技术状况、电控系统和异响等进行检测、分析和判断

续表

序号	设备名称	设备用途
11	电控系统检测仪	包括读码器、解码器、扫描器、专用诊断仪、示波器、分析仪、信号模拟器和综合测试仪等，用于对汽车电控系统的检测和诊断
12	电器综合测试仪	检测电器设备的技术状况
13	气缸压力测试仪或气缸压力表	检测气缸压缩压力
14	气缸漏气量测试仪	检测气缸漏气量
15	真空表或真空测试仪	检测进气管副压值，用于评价气缸密封性
16	油耗计	检测燃油消耗量
17	五气体分析仪	检测排气中 CO、HC、NO_x、CO_2、O_2
18	机油清净性分析仪	分析机油的清净程度
19	发动机无负荷测功仪	对发动机进行无负荷加速测功
20	发动机异响分析仪	诊断发动机异响
21	传动系异响分析仪	诊断传动系异响
22	温度计	检测各总成温度及发动机排气温度

2）检测项目。车上车底外观检查、就车检测调整车轮不平衡量、对转向节枢轴等安全机件进行探伤、检测前轮侧滑量和最大转向角、检测前轮和后轮定位参数、检测转向盘自由转动量和转向盘转向力、检测传动系游动角度、检测轮毂轴承等处的松旷量等。

（2）制动工位

1）主要设备。轴重计或轮重仪、制动试验台等。

2）检测项目。检测各轴轴重、检测各轮制动拖滞力和制动力及按制动曲线分析制动过程、检测驻车制动力等。

（3）底盘测功工位

1）主要设备。底盘测功试验台、发动机综合测试仪、电控系统检测仪、电器综合测试仪、气缸压力测试仪或气缸压力表、气缸漏气量（率）测试仪、真空表或真空测试仪、油耗计、五气体分析仪、烟度计、声级计、机油清净性分析仪、发动机无负荷测功仪、发动机异响分析仪、传动系异响分析仪、温度计等。

2）检测项目。本工位能模拟汽车道路行驶，因而可组织较多的检测设备同时或交叉对汽车发动机、底盘、电气设备和车身等进行动态综合检测诊断。配备的设备越多，能检测诊断的项目也越多。

四、汽车检测站工艺流程

汽车进入检测站后，在站内、线内只有按照规定的检测工艺路线和检测工艺程序流动才能完成整个检测过程。

1. 汽车检测站工艺路线

对于一个独立而完整的检测站，汽车进站后的工艺路线流程如图 2—4 所示。

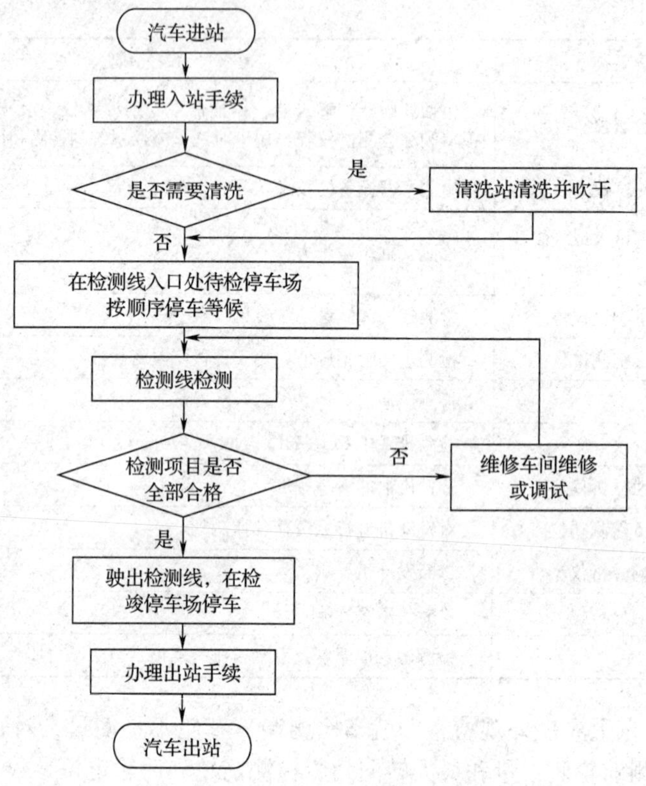

图 2—4　检测站工艺路线流程

2. 汽车检测线工艺路线

（1）安全环保检测线。安全环保检测线有以下 2 种结构。

1）手动式。以安全环保检测线为例，其工艺路线流程如图 2—5 所示。

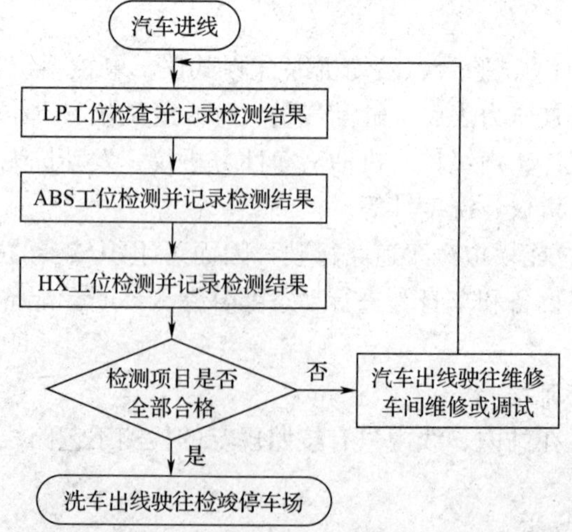

图 2—5　手动式安全环保检测线工艺路线流程

2）全自动式。以安全环保检测线为例，其工艺路线流程如图 2—6 所示。

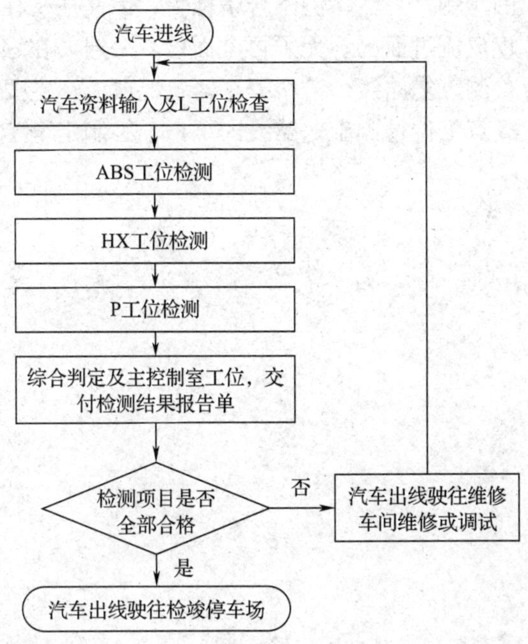

图 2—6　全自动式安全环保检测线工艺路线流程

（2）综合检测。以全能综合检测线为例，其工艺路线流程如图 2—7 所示。

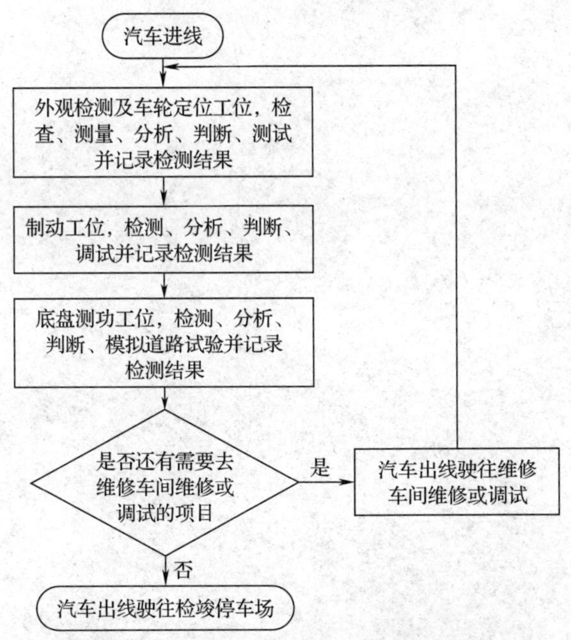

图 2—7　全能综合检测线工艺路线流程

以上所介绍的安全环保检测线与全能综合检测线的工艺路线，均为全工位检测工艺路线。经维修、调试后复检的车辆，只需检测不合格项目，因而往往在有关的工位上就有关项目再检测一次，其他工位仅仅流过而已，无须再全面检测一遍。在综合检测线上，并不一定所有的车辆都执行全工位检测工艺路线。若根据车辆状况或应车主要求只进行单工位或双工位检测时，仅制定单工位或双工位检测工艺路线即可，不必制定全工位检测工艺路线。

第三章　汽车检验

学习目标

1. 了解最新汽车检验国家标准内容。
2. 掌握基本术语及定义。
3. 掌握汽车检验方法。

《机动车安全技术检验项目和方法》(GB 21861—2014)，规定了机动车安全技术检验的检验项目、检验方法、检验要求和检验结果处置，适用于机动车安全技术检验机构对机动车进行安全技术检验、出入境检验检疫机构对入境机动车进行安全技术检验。经批准进行实际道路试验的机动车和临时入境的机动车，可参照本标准进行安全技术检验。汽车检验基本术语定义如下：

1. 注册登记检验（inspection for unregistered vehicle）

机动车安全技术检验机构对申请注册登记的机动车进行的安全技术检验。

2. 在用机动车检验（inspection for in - use vehicle）

机动车安全技术检验机构对已注册登记的机动车进行的安全技术检验。

3. 车辆唯一性检验（inspection for the identify of vehicle）

对机动车的号牌号码和类型、车辆品牌和型号、车辆识别代号（或整车出厂编号)、发动机号码（或电动机号码)、车辆颜色和外形进行检查，以确认送检机动车的唯一性。

4. 车辆特征参数检验（inspection for the characteristic parameters of vehicle）

对机动车的外廓尺寸、整备质量、核定载人数等车辆主要特征和技术参数进行检查，以确认与机动车国家安全技术标准、机动车产品公告、机动车出厂合格证、机动车行驶证等技术资料凭证的符合性。

5. 底盘动态检验（chassis operating inspection）

在行驶状态下，定性地判断送检机动车的转向系、传动系、制动系、仪表和指示器是否符合运行安全要求。

第一节 机动车检验标准

机动车检验标准见表 3—1，出入境检验检疫机构对需领取机动车牌证方可上道路行驶的入境机动车检验时，应覆盖表 3—1 规定的检验项目，并按照注册登记检验要求执行。轮式专用机械车、有轨电车的安全技术检验项目按照相关国家标准和行业标准的要求参照表 3—1 确定。

表 3—1 **机动车检验标准**

序号	检验项目		适用车辆类型					
			载客汽车		载货汽车（三轮汽车除外）、专项作业车	挂车	三轮汽车	摩托车
			非营运小型、微型载客汽车	其他类型载客汽车				
1	车辆唯一性检验	号牌号码/车辆类型	●	●	●	●	●	●
		车辆品牌/型号	●	●	●	●	●	●
		车辆识别代号（或整车出厂编号）	●	●	●	●	●	●
		发动机号码（或电动机号码）	●	●	●		●	●
		车辆颜色和外形	●	●	●	●	●	●
2	联网查询		●	●	●	●	●	●
3	车辆特征参数检验	外廓尺寸		○	○	●	○	○
		轴距			●	●		
		整备质量			●	●	●	○
		核定载人数	●	●	●			○
		栏板高度			○	○		
		后轴钢板弹簧片数			●	●		
		客车应急出口		○				
		客车乘客通道和引道		○				
		货厢			○	○	●	
4	车辆外观检验	车身外观	●	●	●	●	●	●
		外观标识、标注和标牌	●	●	●	●	●	
		外部照明和信号装置	●	●	●	●	●	●
		轮胎	●	●	●	●	●	●
		号牌及号牌安装	●	●	●	●	●	●
		加装/改装灯具	●	●	●	●		

续表

序号	检验项目		适用车辆类型					
			载客汽车		载货汽车（三轮汽车除外）、专项作业车	挂车	三轮汽车	摩托车
			非营运小型、微型载客汽车	其他类型载客汽车				
5	安全装置检验	汽车安全带	●	●	●			
		机动车用三角警告牌	●	●	●		○	
		灭火器		○	○			
		行驶记录装置		○	○			
		车身反光标志			●	●	●	
		车辆尾部标志板			○	○		
		侧后防护装置			○	○		
		应急锤		○				
		急救箱		○				
		限速功能或限速装置		○	○			
		防抱死制动装置		○	○	○		
		辅助制动装置		○	○			
		盘式制动器		○	○			
		紧急切断装置			○	○		
		发动机舱自动灭火装置		○				
		手动机械断电开关		○				
		副制动踏板		○	○			
		校车标志灯和校车停车指示装置牌		○				
		危险货物运输车标志			○	○		
		肢体残疾人操纵辅助装置	○					
6	底盘动态检验	转向系	○	●	●		●	●
		传动系	○	●	●		●	●
		制动系	○	●	●		●	●
		仪表和指示器	○	●	●		●	●
7	车辆底盘部件检验	转向系部件	○	●	●	●	●	
		传动系部件	○	●	●	●	●	
		行驶系部件	○	●	●	●	●	
		制动系部件	○	●	●	●	●	
		其他部件	○	●	●	●	●	

续表

序号	检验项目			适用车辆类型					
				载客汽车		载货汽车（三轮汽车除外）、专项作业车	挂车	三轮汽车	摩托车
				非营运小型、微型载客汽车	其他类型载客汽车				
8	仪器设备检验	行车制动	空载制动率	●	●	●	●	●	●
			空载制动不平衡率	●	●	●	●		
			加载轴制动率			○	○		
			加载轴制动不平衡率			○	○		
		驻车制动		○	●	●	●	●	
		前照灯	远光发光强度	●	●	●		●	●
			远近光束垂直偏移		●	●			
		车速表指示误差			●	●			
		转向轮横向侧滑量			○	○			

备注：

1. 车辆唯一性检验、联网查询、车辆特征参数检验、车辆外观检验、安全装置检验、底盘动态检验、车辆底盘部件检验等检验项目属于人工检验项目。

2. “●”表示该检验项目适用于该类车的全部车型，“○”表示该检验项目适用于该类车的部分车型。

第二节 机动车检验流程

一、检验流程

机动车安全技术检验流程如图 3—1 所示，机动车安全技术检验机构可根据实际情况适当调整检验流程。

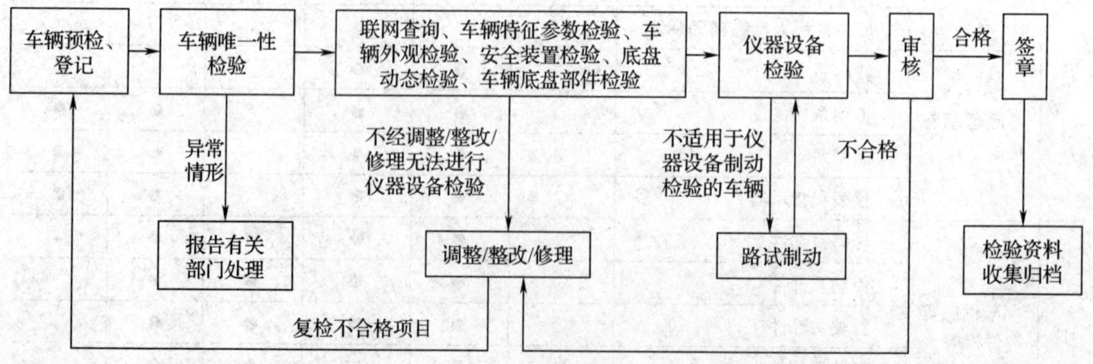

图 3—1 机动车安全技术检验流程

二、基本要求

送检机动车应清洁，无明显漏油、漏水、漏气现象，轮胎完好，轮胎气压正常且胎冠花纹中无异物，发动机应运转平稳，怠速稳定，无异响；装有车载诊断系统（OBD）的车辆，不应有与防抱死制动系统（ABS）、电动助力转向系统（EPS）及其他与行车安全相关的故障信息。对达不到以上基本要求的送检机动车，机动车安全技术检验机构应告知送检人整改，符合要求后再进行安全技术检验。

在用机动车检验时，应提供送检机动车的机动车行驶证和有效的机动车交通事故责任强制保险凭证。

三、工位最少检验时间

机动车安全技术检验时，各检验工位应保证足够的检验时间。机动车安全技术检验各工位的最少检验时间见表 3—2。

表 3—2　　机动车安全技术检验各工位的最少检验时间　　s

<table>
<tr><th colspan="2" rowspan="2">检验工位</th><th colspan="3">最少检验时间</th></tr>
<tr><th>非营运小型、微型载客汽车</th><th>载客汽车（非营运小型、微型载客汽车除外）、载货汽车（三轮汽车除外）、专项作业车、挂车</th><th>摩托车、三轮汽车</th></tr>
<tr><td rowspan="3">人工检验</td><td>车辆唯一性检验、车辆特征参数检验、车辆外观检验、安全装置检验</td><td>120</td><td>240</td><td rowspan="3">90</td></tr>
<tr><td>底盘动态检验</td><td>60</td><td>60</td></tr>
<tr><td>车辆底盘部件检验</td><td>40</td><td>100</td></tr>
<tr><td rowspan="3">仪器设备检验</td><td>制动[a]</td><td>40</td><td>60</td><td>30</td></tr>
<tr><td>前照灯</td><td>60[b]</td><td>60[b]</td><td>30</td></tr>
<tr><td>车速表</td><td>—</td><td>20</td><td>—</td></tr>
<tr><td colspan="5">备注：
a　使用平板式制动检验台时，最少检验时间对汽车为 15 s。
b　使用左右前照灯检验仪同时检验时，最少检验时间对汽车为 40 s。</td></tr>
</table>

第三节　机动车检验方法

一、车辆唯一性检验

车辆唯一性检验包含号牌号码/车辆类型、车辆品牌/型号、车辆识别代号（或整车出厂编号）、发动机号码（或电动机号码）、车辆颜色和外形。

检验方法：目视比对检查，目视难以清晰辨别时使用内窥镜等工具；有条件时，可使用能自动识别车辆识别代号、发动机号码的仪器设备。

二、联网查询

利用联网信息系统查询车辆事故/违法信息。

三、车辆特征参数检验

车辆特征参数是指外廓尺寸、轴距、整备质量、核定载人数、栏板高度、后轴钢板弹簧片数、客车应急出口、客车乘客通道和引道、货厢。

检验方法：

（1）外廓尺寸用长度测量工具测量，重中型货车、专项作业车、挂车应使用自动测量装置。

（2）轴距用长度测量工具测量；有条件时，可使用自动测量装置。

（3）整备质量用地磅或轴（轮）重仪等装置称量。

（4）核定载人数目视检查，目测座椅宽度、深度及驾驶室内部宽度等参数偏小时使用量具测量相关尺寸。

（5）栏板高度用钢尺等长度测量工具测量。

（6）后轴钢板弹簧片数目视检查。

（7）客车应急出口目视检查，目测应急出口尺寸偏小时，使用长度测量工具测量相关尺寸。

（8）客车乘客通道和引道目视检查，目测通道、引道偏窄或高度不符合要求时，使用通道、引道测量装置检查。

（9）货厢目视检查，目测货厢有超长、超宽、超高嫌疑时，使用长度测量工具测量相关尺寸。

四、车辆外观检验

车辆外观检验内容及方法如下。

（1）车身外观：目视检查，对封闭式货厢的货车、挂车应打开车厢门检查，目测有疑问时，使用透光率计、钢尺、手锤、铁钩及照明器具等工具测量相关参数。

（2）外观标志、标注和标牌：目视检查，目测字高偏小时，使用长度测量工具测量相关尺寸。

（3）外部照明和信号装置：操作并目视检查。

（4）轮胎：目视检查轮胎规格/型号，目测胎压不正常、轮胎胎冠花纹深度偏小时，使用轮胎气压表、花纹深度计等测量工具测量相关参数。

（5）号牌及号牌安装：目视检查，目测号牌安装位置、形式，有疑问时使用长度测量工具测量相关尺寸。

（6）加装/改装灯具：目视检查。

五、安全装置检验

安全装置检验内容是指汽车安全带、机动车用三角警告牌、灭火器、行驶记录装置、车身反光标志、车辆尾部标志板、侧后防护装置、应急锤、急救箱、限速功能或限速装置、防抱死制动装置、辅助制动装置、盘式制动器、紧急切断装置、发动机舱自动灭火装置、手动机械断电开关、副制动踏板、校车标志灯和校车停车指示标志牌、危险货物运输车标志、肢体残疾人操纵辅助装置等。检验方法以目视检验为主，附加相关部件操作显示。

六、底盘动态检验

（1）制动系。以不低于 20 km/h 的速度正直行驶，双手轻扶转向盘，急踩制动踏板后迅速放松。

(2) 转向系、传动系。检验员操作车辆，起步并行驶 20 m 以上，利用目视、耳听、操作感知等方式检查。对转向盘最大自由转动量和转向力有疑问时，使用转向盘转向力—转向角检验仪测量相关参数。

(3) 仪表和指示器。检验过程中，观察仪表和指示器。

七、车辆底盘部件检验

车辆底盘部件检验是指对转向系、传动系、行驶系、制动系等部件进行的检验，其检验方法是车辆停放在地沟上方的指定位置，使用专用手锤等工具检查，并由驾驶室操作人员配合；大中型客车、重中型货车、专项作业车、挂车检查时应使用底盘间隙仪。

八、仪器设备检验

(1) 制动检验由行车制动和驻车制动两大部分组成，其中，行车制动检验内容有空载制动率、空载制动不平衡率、加载轴制动率、加载轴制动不平衡率检验。制动检验方法是采用滚筒反力式制动检验台、平板制动检验台检验，不适宜用制动检验台检验的车辆用便携式制动性能测试仪等路试设备检验。

(2) 前照灯检验远光发光强度、远近光光束垂直偏移，方法是采用前照灯检验仪进行检验。

(3) 车速表指示误差采用车速表检验台检验。

(4) 转向轮横向侧滑量采用侧滑检验台检验。

注意

1. 所有检验项目应一次检验完毕，出现不合格项目时应继续进行其他项目的检验，但无法继续进行检验的项目除外。

2. 仪器设备检验时，除检验员外可再乘坐一名送检人员或随车人员。

3. 半挂牵引车可与半挂车组合成铰接列车后同时实施检验，也可单独检验。

第四节　机动车检验要求

一、车辆唯一性

1. 号牌号码/车辆类型、车辆品牌/型号

注册登记检验时，送检机动车的车辆品牌/型号应与机动车出厂合格证（对进口车为海关货物进口证明书）一致。

在用机动车检验时，送检机动车的号牌号码/车辆类型、车辆品牌/型号，应与机动车行驶证签注的内容一致。

2. 车辆识别代号（或整车出厂编号）

注册登记检验时，送检机动车的车辆识别代号（或整车出厂编号）应与机动车出厂合格证（对进口车为海关货物进口证明书）、车辆识别代号（或整车出厂编号）的拓印膜一致，车辆识别代号的内容和构成应符合 GB 16735—2004 的相关规定；其打刻部位、深度，以及

组成字母与数字的字高等应符合 GB 7258—2017 的相关规定，且不应出现被凿改、挖补、打磨、擅自重新打刻等现象。对于 2013 年 3 月 1 日起出厂的乘用车、总质量小于等于 3 500 kg 的货车（低速汽车除外），从车外应能清晰地识读到靠近风窗立柱位置的车辆识别代号标志。车辆上标志的所有车辆识别代号内容应一致。

在用机动车检验时，送检机动车的车辆识别代号（或整车出厂编号）应与机动车行驶证签注的内容一致，且不应出现被凿改、挖补、打磨，擅自重新打刻等现象。

3. 发动机号码（或电动机号码）

注册登记检验时，送检机动车的发动机号码（或电动机号码）应与机动车出厂合格证（对进口车为海关货物进口证明书）一致，并符合 GB 7258—2017 的相关规定。

在用机动车检验时，送检机动车的发动机号码（或电动机号码）应与机动车行驶证签注的内容一致。

4. 车辆颜色和外形

注册登记检验时，送检机动车的外形应与机动车产品公告照片相符。

在用机动车检验时，送检机动车的车辆颜色和外形应与机动车行驶证上的车辆照片相符，且不应出现更改车身颜色、改变车厢形状、改变车辆结构等情形。

二、联网查询

联网查询送检机动车事故/违法信息：

（1）对发生过造成人员伤亡交通事故的送检机动车，人工检验时应重点检查损伤部位和损伤情况，属于使用年限在 10 年以内的非营运小型、微型载客汽车的，增加底盘动态检验、车辆底盘部件检查。

（2）对涉及尚未处理完毕的道路交通安全违法行为或道路交通事故的送检机动车，应提醒机动车所有人及时到公安机关交通管理部门处理。

三、车辆特征参数

1. 外廓尺寸

机动车外廓尺寸不得超出 GB 7258—2017、GB 1589—2016 规定的限值。

注册登记检验时，机动车的外廓尺寸应与机动车产品公告、机动车出厂合格证相符，且误差满足：汽车（三轮汽车除外）、挂车不超过±1%或±50 mm，三轮汽车、摩托车不超过±3%或±50 mm。

在用机动车检验时，重中型货车、挂车的外廓尺寸应与机动车行驶证签注的内容相符，且误差不超过±2%或±100 mm。

2. 轴距

注册登记检验时，机动车的轴距应与机动车产品公告、机动车出厂合格证相符，且误差不超过±1%或±50 mm。

在用机动车检验时，机动车的轴距应与机动车登记信息相符，且误差不超过±1%或±50 mm。

3. 整备质量

注册登记检验时，机动车的整备质量应与机动车产品公告、机动车出厂合格证相符，且误差满足：重中型货车、挂车、专项作业车不超过±3%或±500 kg，轻微型货车、专项作业车不超过±3%或±100 kg，低速汽车不超过±5%或±100 kg，摩托车不超过±10 kg。

4. 核定载人数

机动车的核定载人数应符合 GB 7258—2017 的核载规定。

注册登记检验时，机动车的核定载人数应与机动车产品公告、机动车出厂合格证相符。

在用机动车检验时，机动车的座位（铺位）数应与机动车行驶证签注的内容一致。

5. 栏板高度

机动车栏板高度不得超出 GB 1589—2016 规定的限值。

注册登记检验时，货车、挂车的栏板高度应与机动车产品公告、机动车出厂合格证、驾驶室两侧喷涂的栏板高度数值相符，且误差不超过±1%或±50 mm。

在用机动车检验时，货车、挂车的栏板高度应与机动车登记信息、驾驶室两侧喷涂的栏板高度数值相符，且误差不超过±2%或±50 mm。

6. 后轴钢板弹簧片数

注册登记检验时，货车、挂车、专项作业车的后轴钢板弹簧片数应与机动车产品公告、机动车出厂合格证一致，且不应有明显“增宽、增厚”情形。

在用机动车检验时，货车、挂车、专项作业车的后轴钢板弹簧片数应与机动车登记信息一致，且不应有明显“增宽、增厚”情形。

7. 客车应急出口

客车应急出口的数量、标志应符合 GB 7258—2017、GB 13094—2007、GB 18986—2003、GB 24407—2012 的相关规定；且 2013 年 9 月 1 日起出厂的设有乘客站立区的公共汽车车身两侧的车窗如面积能达到设置为应急窗的要求，均应设置为推拉式应急窗或外推式应急窗。

注册登记检验时，目测应急出口尺寸偏小的，还应测量应急出口的尺寸参数，尺寸参数应符合 GB 7258—2017、GB 13094—2007、GB 18986—2003、GB 24407—2012 等相关标准的规定。

8. 客车乘客通道和引道

客车的通道应无明显通行障碍，通向应急门的引道宽度应符合 GB 7258—2017 的相关规定。

注册登记检验时，目测通道、引道偏窄或高度不符合要求时，还应使用通道、引道测量装置检查，应符合 GB 7258—2017、GB 13094—2007、GB 18986—2003、GB 24407—2012 等相关标准的规定。

9. 货厢

车辆不应有加长、加高、加宽货厢，拆除厢式货车顶盖，拆除仓栅式货车顶棚杆等情形。

四、车辆外观检查

1. 车身外观

车身外观应满足以下要求：

（1）保险杠、后视镜、下视镜等部件应完好。

（2）风窗玻璃应齐全，驾驶人视野部位应无裂纹、破损，所有风窗玻璃不应张贴镜面反光遮阳膜。

（3）车体应周正，车体外缘左右对称部位高度差应符合 GB 7258—2017 的相关规定。

（4）车身外部不应有明显的镜面反光现象，不应有任何可能触及行人、骑自行车人等交通参与者的部件、构件，不应有任何可能使人致伤的尖角、锐边等凸起物。

（5）车身（车厢）及其漆面不应有明显的锈蚀、破损现象。

（6）喷涂、粘贴的标志或车身广告不应影响安全驾驶。

根据车辆类型和使用性质的不同，相应车辆还应满足以下要求：

（1）货车和挂车的货厢安装应牢固，其栏板和底板应规整，强度满足使用要求，装置的安全架应完好无损。

（2）罐式危险货物运输车的罐体顶部应按 GB 7258—2017 要求设置倾覆保护装置。

（3）校车和车长大于 7.5 m 的其他客车不应设置有车外顶行李架；设置有车外顶行李架的客车，其车外顶行李架长度不超过车长的 1/3 且高度不超过 300 mm。

（4）校车和 2012 年 9 月 1 日起出厂的公路客车、旅游客车的所有车窗玻璃不应张贴有不透明和带任何镜面反光材料的色纸或隔热纸，前风窗玻璃及风窗以外玻璃用于驾驶人视区部位的可见光透射比应大于等于 70%，其他车窗玻璃的可见光透射比应不小于 50%；专用校车乘客区侧窗结构应符合 GB 24407—2012 的相关规定。

车窗玻璃包括侧窗玻璃和前、后风窗玻璃，但不包括驾驶人旁侧窗下围的装饰玻璃。

（5）机动车（挂车除外）应在左右至少各设置一面外后视镜，总质量大于 7 500 kg 的货车和货车底盘改装的专项作业车应在右侧至少设置广角后视镜和补盲后视镜各一面，车长大于 6 m 的平头货车和平头客车在车前应至少设置有一面前下视镜或相应的监视装置；教练车（三轮汽车除外）应安装能使教练员有效观察到车辆周围交通状态的辅助后视镜。

（6）货车和挂车的载货部分不应设计成可伸缩的结构或设置有乘客座椅。

（7）乘用车自行加装的前后防撞装置及货运机动车自行加装的防风罩、水箱、工具箱、备胎架，应不影响安全。

（8）三轮汽车和摩托车的前后减振器、转向上下联板和方向把不应有变形和裂损，左右后视镜应齐全有效，坐垫、扶手（或拉带）、脚蹬和挡泥板应齐全，且牢固可靠；对无驾驶室的三轮汽车，货箱前部应安装有高出驾驶员坐垫平面至少 800 mm 的安全架。

注册登记检验时，送检机动车还应满足以下要求：

（1）车身前部外表面的易见部位上应至少装置一个能永久保持且与车辆品牌/型号相适应的商标或厂标。

（2）货车货厢（自卸车、装载质量 1 000 kg 以下的货车除外）前部应安装有比驾驶室高至少 70 mm 的安全架。

（3）厢式货车和封闭式货车驾驶室（区）两旁应设置有车窗，货厢部位不得设置车窗[但驾驶室（区）内用于观察货物状态的观察窗除外]。

（4）乘用车、专用校车和车长小于 6 m 的其他客车的前后部应设置有保险杠，货车

（三轮汽车除外）应设置有前保险杠。

（5）对无驾驶室的正三轮摩托车，应采用方向把转向；对 2013 年 3 月 1 日起出厂的有驾驶室的正三轮摩托车，若采用方向盘转向，方向盘中心立柱距车辆纵向中心平面的水平距离应不大于 200 mm。

2. 外观标志、标注和标牌

根据车辆类型和使用性质的不同，外观标志、标注和标牌应满足以下要求：

（1）所有货车（半挂牵引车除外）和专项作业车，其驾驶室（区）两侧应喷涂有总质量；所有半挂牵引车，其驾驶室（区）两侧应喷涂有最大允许牵引质量；载货部位为栏板结构的货车和自卸车，驾驶室两侧应喷涂有栏板高度；罐式汽车和罐式挂车的罐体上应喷涂有允许装运货物的种类及与机动车产品公告和机动车出厂合格证一致的罐体容积，且罐式危险货物运输车的罐体上喷涂的允许装运货物的名称应与机动车产品公告和机动车出厂合格证一致；载货部位为栏板结构的挂车，其车厢两侧应喷涂有栏板高度；喷涂的中文和阿拉伯数字应清晰，高度应大于等于 80 mm。

（2）总质量大于等于 4 500 kg 的货车（半挂牵引车除外）、挂车，其车身（车厢）后部应喷涂/粘贴有符合规定的放大号，无法喷涂/粘贴的平板挂车应设置有符合规定的放大号。

（3）客车（专用校车和设有乘客站立区的公共汽车除外）其乘客门附近车身外部易见位置，应用高度大于等于 100 mm 的中文和阿拉伯数字标明该车提供给乘员（包括驾驶人）的座位数。

（4）教练车应在车身两侧及后部喷涂有高度大于等于 100 mm 的“教练车”字样。

（5）气体燃料汽车、两用燃料汽车和双燃料汽车应按 GB/T 17676—1999 的规定标注其使用的气体燃料类型。

（6）消防车、救护车、工程救险车和警车的车身颜色应符合相关国家标准或行业标准，警车、消防车、救护车、工程救险车安装使用的标志灯具应齐全、有效，其他机动车不得喷涂、安装、使用上述车辆专用的或者与其相类似的标志图案、警报器或者标志灯具。

（7）残疾人机动车应在车身前部和后部分别设置残疾人机动车专用标志。

注册登记检验时，标牌还应满足以下要求：

（1）标牌应固定可靠、标注的内容应清晰规范，并符合 GB 7258—2017 的规定。

（2）非插电式混合动力汽车的标牌还应标明电动动力系统最大输出功率；纯电动汽车、插电式混合动力汽车、燃料电池汽车还应标明主驱动电机型号和功率，动力电池工作电压和容量，储氢容器形式、容积、工作压力（燃料电池汽车）。

3. 外部照明和信号装置

外部照明和信号装置应满足以下要求：

（1）前照灯、前位灯、前转向信号灯、前部危险警告信号灯、示廓灯和牵引杆挂车标志灯等前部照明和信号装置应齐全，工作应正常；前照灯的远、近光光束变换功能应正常。

（2）后位灯、后转向信号灯、后部危险警告信号灯、示廓灯、制动灯、后雾灯、后牌照灯、倒车灯、后反射器应齐全，工作应正常；制动灯的发光强度应明显大于后位灯的发光强度。

（3）侧转向信号灯、侧标志灯和侧反射器应齐全，工作应正常。

（4）对称设置、功能相同灯具的光色和亮度不应有明显差异，转向信号灯的光色应为琥珀色。

（5）除转向信号灯、危险警告信号、紧急制动信号、校车标志灯及消防车、救护车、工程救险车和警车安装使用的标志灯具外，其他外部灯具不应有闪烁的情形。

（6）对 2014 年 9 月 1 日起出厂的总质量大于等于 4 500 kg 的货车、专项作业车和挂车，每一个后位灯、后转向信号灯和制动灯的透光面面积应大于等于一个 80 mm 直径圆的面积；如属非圆形的，透光面的形状还应能将一个 40 mm 直径的圆包含在内。

（7）机动车不应安装遮挡外部照明和信号装置透光面的装置。

（8）机动车设置的喇叭应能有效发声。

（9）发动机舱内目视可见的电器导线应布置整齐、捆扎成束、固定卡紧，并无破损现象。

注册登记检验时，车辆外部照明和信号装置的数量、位置、光色还应符合 GB 4785—2007 等相关标准的规定。

五、轮胎

轮胎应满足以下要求：

（1）同轴两侧应装用同一型号、规格和花纹的轮胎，轮胎螺栓、半轴螺栓应齐全、紧固；轮胎规格应与机动车产品公告和机动车出厂合格证（对于在用机动车检验时为机动车登记信息）相符。

（2）轮胎的胎面、胎壁不应有长度超过 25 mm 或深度足以暴露出轮胎帘布层的破裂和割伤及其他影响使用的缺损、异常磨损和变形。

根据车辆类型和使用性质的不同，相应车辆还应满足以下要求：

（1）乘用车、摩托车和挂车轮胎胎冠上花纹深度应大于等于 1.6 mm，其他机动车转向轮的胎冠花纹深度应大于等于 3.2 mm；其余轮胎胎冠花纹深度应大于等于 1.6 mm，轮胎胎面磨损标志应可见。

（2）公路客车、旅游客车和校车的所有车轮及其他机动车的转向轮不应装用翻新的轮胎。

注册登记检验时，送检机动车还应满足以下要求：

（1）专用校车应装用无内胎子午线轮胎。

（2）危险货物运输车及车长大于 9 m 的其他客车应装用子午线轮胎。

（3）使用小规格备胎的小型、微型载客汽车，其备胎附近明显位置（或其他适当位置）应装置有能永久保持的、提醒驾驶人正确使用备胎的标识，标识的相关提示内容应有中文说明。

六、号牌及号牌安装

机动车号牌字符、颜色、安装等应符合 GA 36—2014 的规定，机动车号牌专用固封装置应符合 GA 804—2008 的规定。号牌及号牌安装应满足以下要求：

（1）机动车号牌应齐全，表面应清晰、整齐、平滑、光洁、着色均匀，不应有明显的皱纹、气泡、颗粒杂质等缺陷或损伤。

（2）机动车应使用机动车号牌专用固封装置固定号牌，固封装置应齐全、安装牢固。

（3）使用号牌架辅助安装时，号牌架内侧边缘距离机动车登记编号字符边缘应大于5 mm，不应使用可拆卸号牌架和可翻转号牌架。

（4）不应出现影响号牌正常视认的加装、改装等情形。

注册登记检验时，号牌及号牌安装还应满足以下要求：

（1）车辆应设置能够满足号牌安装要求的前、后号牌板（架），但摩托车只需设置有能满足号牌安装要求的后号牌板（架）；前号牌板（架）应设于前面的中部或右侧（按机动车前进方向），后号牌板（架）应设于后面的中部或左侧。

（2）2013 年 3 月 1 日起出厂的车辆，每面号牌板（架）上至少应至少设有 2 个号牌安装孔，且能保证用 M6 规格的螺栓将号牌直接牢固可靠地安装在车辆上。

（3）2016 年 3 月 1 日起出厂的车辆，每面号牌板（架）[三轮汽车前号牌板（架）、摩托车后号牌板（架）除外] 上应设有 4 个号牌安装孔，且能保证用 M6 规格的螺栓将号牌直接牢固可靠地安装在车辆上。

七、加装/改装灯具

车辆不应有加装或改装强制性标准以外的外部照明和信号装置，不应有后射灯。

八、安全装置检验

1. 汽车安全带

注册登记检验时，检查汽车安全带应满足以下要求：

（1）汽车应按 GB 7258—2017 配备安全带。

（2）对于专用校车，学生座位均应配备两点式汽车安全带，驾驶人座椅、照管人员座椅均应配备汽车安全带。

在用机动车检验时，配备的汽车安全带应完好且能正常使用，不得出现坐垫套覆盖遮挡安全带、安全带绑定在座位下面等情形。

2. 机动车用三角警告牌

汽车（无驾驶室的三轮汽车除外）应配备三角警告牌，三角警告牌的外观、形状应符合 GB 19151—2003 的要求。

3. 灭火器

客车和危险货物运输车配备的灭火器应在使用有效期内，不应出现欠压失效等情形，配备数量应符合 GB 7258—2017 等相关标准的要求。

4. 行驶记录装置

公路客车、旅游客车、危险货物运输车、校车以及 2013 年 3 月 1 日起注册登记的未设置乘客站立区的公共汽车、半挂牵引车、总质量大于等于 12 000 kg 的货车，应安装有符合要求的行驶记录装置（包括汽车行驶记录仪或行驶记录功能符合 GB/T 19056—2012 的卫星定位装置等）。

行驶记录装置的连接、固定应可靠，显示功能应正常，主机外壳的易见部位应加施有符合规定的 3C 标志。

卧铺客车以及 2013 年 5 月 1 日起出厂的专用校车应安装车内外录像监控系统，功能应正常。

5. 车身反光标志

货车、货车底盘改装的专项作业车和挂车后部车身反光标志的粘贴要求和材料类型（反光膜型或反射器型）应符合 GB 7258—2017 的规定，反射器型车身反光标志固定应可靠。

所有货车（半挂牵引车除外）、货车底盘改装的专项作业车和挂车，侧面粘贴的车身反光标志应符合 GB 7258—2017 的规定。

粘贴/安装的车身反光标志应印有符合规定的 3C 标志。

6. 车辆尾部标志板

2012 年 9 月 1 日起出厂的总质量大于等于 12 000 kg 的货车（半挂牵引车除外）和车长大于 8.0 m 的挂车，以及 2014 年 1 月 1 日起出厂的总质量大于等于 12 000 kg 的货车底盘改装的专项作业车，应安装车辆尾部标志板。车辆尾部标志板的形状、尺寸、布置和固定应符合 GB 25990—2010 的规定。

7. 侧后防护装置

侧后防护装置安装应牢固、无变形，且满足以下要求：

（1）总质量大于 3 500 kg 的货车、货车底盘改装的专项作业车和挂车，其装备的侧面及后下部防护装置应正常有效，货车列车的牵引车和挂车之间装备的侧面防护装置应正常有效。

（2）罐式危险货物运输车的罐体及罐体上的管路和管路附件不应超出车辆的侧面及后下部防护装置，罐体后封头及罐体后封头上的管路和管路附件与后下部防护装置的纵向距离应大于等于 150 mm。

（3）货车和挂车的侧面防护装置的下缘离地高度、防护范围和前缘形式及后下部防护装置的离地高度、宽度、横截面宽度应符合 GB 11567—2017 的规定。

注册登记检验时，侧后防护装置的外观、结构、尺寸、安装要求还应与机动车产品公告相符。

8. 应急锤

采用密闭钢化玻璃式应急窗的客车，在相应的应急窗邻近应配备一个应急锤以方便击碎车窗玻璃。

9. 急救箱

校车应配备急救箱，急救箱应放置在便于取用的位置并有效、适用。

10. 限速功能或限速装置

注册登记检验时，公路客车、危险货物运输车、旅游客车及车长大于 9 m 的未设置乘客站立区的公共汽车，应具有限速功能或配备限速装置；车长大于等于 6 m 的客车，应具有超速报警功能。

11. 防抱死制动装置

以下车辆应装备防抱死制动装置：

（1）道路运输爆炸品和剧毒化学品车辆，以及 2012 年 9 月 1 日起出厂的其他危险货物运输车。

(2) 2005年2月1日起注册登记的总质量大于12 000 kg的公路客车和旅游客车、总质量大于10 000 kg的挂车、总质量大于16 000 kg允许挂接总质量大于10 000 kg的挂车的货车。

(3) 2012年9月1日起出厂的半挂牵引车及车长大于9 m的公路客车、旅游客车。

(4) 2013年5月1日起出厂的专用校车。

(5) 2013年9月1日起出厂的车长大于9 m的未设置乘客站立区的公共汽车。

(6) 2014年9月1日起出厂的总质量大于等于12 000 kg的货车和专项作业车。

机动车配备的防抱死制动装置自检功能应正常。

12. 辅助制动装置

注册登记检验时，以下车辆应安装缓速器或其他辅助制动装置：2012年9月1日起出厂的车长大于9 m的客车（对专用校车为车长大于8 m)、所有危险货物运输车、总质量大于等于12 000 kg的货车；2014年9月1日起出厂的总质量大于等于12 000 kg的专项作业车。

(1) 盘式制动器。注册登记检验时，以下车辆的前轮应装备盘式制动器：

1) 2012年9月1日起出厂的危险货物运输车、车长大于9 m的客车（未设置乘客站立区的公共汽车除外)。

2) 2013年5月1日起出厂的专用校车。

3) 2013年9月1日起出厂的车长大于9 m的未设置乘客站立区的公共汽车。

(2) 紧急切断装置。2015年1月1日起，用于运输液体危险货物的罐式危险货物运输车应按GB 18564.1—2006等规定安装紧急切断装置。

13. 发动机舱自动灭火装置

以下车辆应装备发动机舱自动灭火装置：

(1) 2013年5月1日起出厂的专用校车。

(2) 2013年3月1日起出厂的发动机后置的其他客车。

14. 手动机械断电开关

2013年3月1日起出厂的车长大于等于6 m的客车，应设置能切断蓄电池和所有电路连接的手动机械断电开关。

15. 副制动踏板

教练车（三轮汽车除外）装备的副制动踏板应牢固、动作可靠有效。

16. 校车标志灯和校车停车指示标志牌

校车配备的校车标志灯和停车指示标志牌应齐全、有效。

专用校车以及喷涂或粘贴专用校车车身外观标识的非专用校车应由校车标志、中文字符“校车”、中文字符“核载人数：××人”、校车编号和校车轮廓标识组成，且应符合GB 24315—2009的相关规定。

17. 危险货物运输车标志

危险货物运输车应设置符合GB 13392—2005规定的标志。

道路运输爆炸品和剧毒化学品车辆应粘贴符合 GB 20300—2018 规定的橙色反光带并设置安全标示牌。

18. 肢体残疾人操纵辅助装置

加装肢体残疾人操纵辅助装置的汽车，操纵辅助装置铭牌标明的产品型号和产品编号应与操纵辅助装置加装合格证明或机动车行驶证记载的产品型号和产品编号一致。

九、底盘动态检验

1. 转向系

车辆的转向盘应转动灵活，操纵方便，无卡滞现象，最大自由转动量应符合 GB 7258—2017 的相关规定；对于使用方向把的三轮汽车、摩托车，转向轮转动应灵活。

2. 传动系

传动系应满足以下要求：

(1) 车辆换挡应正常，变速器倒挡应能锁止。

(2) 离合器接合应平稳，无打滑、分离不彻底等现象。

3. 制动系

车辆正常行驶时无车轮阻滞、抱死现象；制动时制动踏板动作应正常，响应迅速，转向盘无抖动，无跑偏现象。

4. 仪表和指示器

车辆配备的车速表等各种仪表和指示器不应有异常情形。

5. 车辆底盘部件

(1) 转向系部件。转向系部件应满足以下要求：

1) 各部件不应松动。

2) 横、直拉杆不应有拼焊、损伤、松旷、严重磨损等情况。

3) 转向过程中不应有干涉或摩擦现象。

(2) 传动系部件。传动系部件应满足以下要求：

1) 变速器等部件应连接可靠。

2) 传动轴、万向节及中间轴承和支架不应有裂纹和松旷现象，不应有漏油现象。

(3) 行驶系部件。行驶系部件应满足以下要求：

1) 车架纵梁、横梁不应有明显变形、损伤，铆钉、螺栓不应缺少或松动。

2) 钢板吊耳及销不应松旷，中心螺栓、U 形螺栓不应松旷。

3) 车桥与悬架之间的拉杆和导杆不应松旷和移位，减振器不应漏油。

(4) 制动系部件。制动系部件应满足以下要求：

1) 制动系应无擅自改动，不应从制动系统获取气源作为加装装置的动力源。

2) 制动主缸、轮缸、管路等不应漏气、漏油，制动软管不应有明显老化现象。

3) 制动系管路与其他部件无摩擦和固定松动现象。

(5) 其他部件。其他部件应满足以下要求：

1) 发动机的固定应可靠。

2) 排气管、消声器应安装牢固、不应有漏气现象，排气管口不得指向车身右侧（如受结构限制排气管口必须偏向右侧时，排气管口中心线与机动车纵向中心线的夹角应小于等于15°）和正下方；专门用于运送易燃和易爆物品的危险货物运输车，排气管应装在罐体/箱体前端面之前、不高于车辆纵梁上平面的区域，并安装机动车排气火花熄灭器，机动车尾部应安装接地装置。

3）电器导线应布置整齐、捆扎成束、固定卡紧，并无破损现象。

4）燃料箱应固定可靠，不应漏油；燃料管路与其他部件不应有碰擦，不应有明显老化。

5）承载式车身底部应完整，不应有影响车身强度的变形和破损。

6）轮胎内侧不应有严重磨损、割伤、腐蚀。

十、仪器设备检验

1. 行车制动

台试空载检验行车制动性能时，应符合 GB 7258—2017 的相关要求。

对于全挂车、半挂车，台试空载制动性能检验时，应同时满足以下要求：

(1) 与牵引车组合成的汽车列车检验结果符合 GB 7258—2017 的相关要求。

(2) 挂车的轴制动力之和与挂车轴荷之和的比值大于等于 55%。

(3) 挂车的轴制动不平衡率符合 GB 7258—2017 的要求。

对于三轴及三轴以上的多轴货车，按照测试方法加载后，加载轴的轴制动率应大于等于50%，加载轴制动不平衡率符合 GB 7258—2017 的要求。

对于并装双轴、并装三轴的挂车，组成汽车列车按照检验方法加载后，加载轴的轴制动率应大于等于 45%，加载轴制动不平衡率符合 GB 7258—2017 的要求。

路试检验行车制动性能时，应符合 GB 7258—2017 的相关要求。

2. 驻车制动

台试检验驻车制动性能时，应符合 GB 7258—2017 的相关要求。

路试检验驻车制动性能时，应符合 GB 7258—2017 的相关要求。

3. 前照灯

前照灯远光发光强度应符合 GB 7258—2017 的相关要求。

前照灯远近光光束垂直偏移应符合 GB 7258—2017 的相关要求。

4. 车速表指示误差

注册登记检验时，车速表指示误差应符合 GB 7258—2017 的相关要求。

5. 转向轮横向侧滑量

对前轴采用非独立悬架的汽车（前轴采用双转向轴时除外），转向轮横向侧滑量应符合 GB 7258—2017 的相关要求。

十一、检验结果处置

1. 检验结果的评判

授权签字人应逐项确认检验结果并签注整车检验结论。检验结论分为合格、不合格。送检机动车所有检验项目的检验结果均合格的，判定为合格；否则判定为不合格。

2. 检验合格处置

机动车安全技术检验机构应出具《机动车安全技术检验报告》，报告一式三份，一份交机动车所有人（或者由送检人转交机动车所有人），一份提交车辆管理所作为机动车安全技术检验合格证明，一份留存检验机构。

机动车安全技术检验机构应按 GB/T 26765—2011、GA 1186—2014 的要求传递数据及图像。

机动车安全技术检验机构应妥善保管《机动车安全技术检验报告》《机动车安全技术检验表（人工检验部分）》《机动车安全技术检验表（仪器设备检验部分）》，以及车辆识别代号（或整车出厂编号）的拓印膜或照片（注册登记检验时保存拓印膜，在用机动车检验时保存车辆识别代号照片）等资料，保存至本次检验周期届满前，但最短不得少于 2 年。

3. 检验不合格处置

机动车安全技术检验机构应出具《机动车安全技术检验报告》，并注明所有不合格项目。

机动车安全技术检验机构应通过拍照、摄像或保存数据等方式对不合格项取证留存备查。

机动车安全技术检验机构应按 GB/T 26765—2011、GA 1186—2014 的要求传递数据及图像。

4. 异常情形处置

发现送检机动车有拼装、非法改装、被盗抢、走私嫌疑时，机动车安全技术检验机构及其检验员应详细登记该送检机动车的相关信息，拍照、录像固定证据，通过机动车安全技术检验监管系统上报，并告知送检人到当地公安机关交通管理部门处理。

注册登记检验时，发现送检机动车的车辆特征参数、安全装置不符合 GB 1589—2016、GB 7258—2017 等机动车国家安全技术标准、机动车产品公告、机动车出厂合格证时，应拍照、录像固定证据，详细登记送检机动车的车辆类型、品牌/型号、车辆识别代号（或整车型号和出厂编号）、发动机号码、整车生产厂家、生产日期等信息，通过机动车安全技术检验监管系统上报。机动车安全技术检验报告（式样）见表 3—3。

表 3—3　　机动车安全技术检验报告（式样）

<table>
<tr><td colspan="6">一、基本信息</td></tr>
<tr><td>检验报告编号</td><td></td><td>检验机构名称</td><td colspan="3"></td></tr>
<tr><td>号牌号码</td><td></td><td>所有人</td><td colspan="3"></td></tr>
<tr><td>车辆类型</td><td></td><td>品牌/型号</td><td></td><td>使用性质</td><td></td></tr>
<tr><td>注册登记日期</td><td></td><td>出厂年月</td><td></td><td>检验日期</td><td></td></tr>
<tr><td>车辆识别代号
（或出厂编号）</td><td colspan="2"></td><td>发动机号码
（或电动机号码）</td><td colspan="2"></td></tr>
<tr><td colspan="6">二、检验结论</td></tr>
<tr><td>检验结论</td><td colspan="2"></td><td>授权签字人</td><td colspan="2"></td></tr>
<tr><td colspan="6">单位名称（盖章）：××××机动车安全技术检验机构</td></tr>
</table>

续表

三、人工检验结果

序号	检验项目	结果判定	具体不符合项目情况说明	备注

四、仪器设备检验结果

序号	检验项目	检验结果	标准限值	结果判定	备注

五、建议

备注	

第四章 整车与发动机检测

学习目标

1. 了解整车参数检测内容与标准。
2. 了解发动机检测内容与标准。
3. 掌握发动机检测仪器、设备的使用方法。

国家标准《机动车运行安全技术条件》是我国机动车运行安全管理最基本的技术标准，是进行注册登记检验和在用机动车检验、机动车查验、事故车检验的主要技术依据，同时也是我国机动车新车定型强制性检验、新车出厂检验及进口机动车检验的重要技术依据之一。

第一节 整车参数检测

一、整车标志

（1）机动车应至少装置一个能永久保持的产品标牌，该标牌的固定、位置及型式应符合 GB/T 18411—2001 的规定；如采用标签标示，则标签应符合 GB/T 25978—2010 规定的标签一般性能、防篡改性能及防伪性能要求。改装车应同时具有改装后的整车产品标牌及改装前的整车（或底盘）产品标牌。

机动车均应在产品标牌上标明品牌、整车型号、制造年月、生产厂名及制造国，各类机动车产品标牌应标明的其他项目见表 4—1。产品标牌上标明的内容应规范、清晰耐久且易于识别，项目名称均应有中文名称。

表 4—1　　各类机动车产品标牌应补充标明的项目

机动车类型		应补充标明的项目
汽车[a]	载客汽车[b]	车辆识别代号、发动机型号、发动机最大净功率、最大允许总质量（以下简称为“总质量”）、乘坐人数（乘员数）
	载货汽车[c]	车辆识别代号、发动机型号、发动机最大净功率、总质量（半挂牵引车除外）、整车整备质量（以下简称为“整备质量”）、最大允许牵引质量（无牵引功能的货车除外）

续表

机动车类型		应补充标明的项目
汽车[a]	专项作业车	车辆识别代号、发动机型号、发动机最大净功率、总质量、专用功能主要技术参数
挂车		车辆识别代号[d]、总质量、整备质量
摩托车[e]		车辆识别代号、发动机型号、发动机实际排量或最大净功率、整备质量
轮式专用机械车		车架号（或产品识别代码、车辆识别代号）、发动机型号、发动机标定功率、整备质量、最大设计车速
组成拖拉机运输机组的拖拉机		出厂编号、发动机标定功率、使用质量
特型机动车		车辆识别代号（或车架号）、发动机型号、发动机最大净功率、总质量、整备质量、外廓尺寸

备注：

a　非插电式混合动力汽车还应标明电动动力系统最大输出功率；纯电动汽车、插电式混合动力汽车、燃料电池汽车还应标明主驱动电机型号和功率，动力电池工作电压和容量（安时数），储氢容器形式、容积、工作压力（燃料电池汽车）；纯电动汽车不标发动机相关信息。

b　乘用车还应标明发动机排量，具备牵引功能时还应标明最大允许牵引质量。

c　半挂牵引车还应标明牵引座最大设计静载荷。

d　牵引杆挂车在未采用统一的车辆识别代号之前应标明车架号。

e　电动摩托车应标明车辆识别代号、电动机型号、电动机最大输出功率、额定电压、整备质量；正三轮摩托车还应标明装载质量或乘坐人数，两轮普通摩托车及两轮轻便摩托车可不标车辆识别代号。

（2）汽车、摩托车、半挂车和中置轴挂车应具有唯一的车辆识别代号，其内容和构成应符合 GB/T 16735—2004 的规定；应至少有一个车辆识别代号打刻在车架（无车架的机动车为车身主要承载且不能拆卸的部件）能防止锈蚀、磨损的部位上。

乘用车的车辆识别代号应打刻在发动机舱内能防止替换的车辆结构件上，或打刻在车门立柱上，如受结构限制没有打刻空间时也可打刻在右侧除后备厢（后行李区）外的车辆其他结构件上；其他汽车、半挂车和中置轴挂车的车辆识别代号应打刻在前部右侧，如受结构限制也可打刻在右侧其他车辆结构件上。其他机动车应在相应的易见位置打刻整车型号和出厂编号，型号在前，出厂编号在后，在出厂编号的两端应打刻起止标记。

打刻车辆识别代号（或整车型号和出厂编号）的部件不得采用打磨、挖补、垫片等方式处理，从上（前）方观察时打刻区域周边足够大面积的表面不应有任何覆盖物；如有覆盖物，该覆盖物的表面应明确标示“车辆识别代号”或“VIN”字样，且覆盖物在不使用任何专用工具的情况下能直接取下（或揭开）及复原，以方便地观察到足够大的包括打刻区域的表面。

打刻的车辆识别代号（或整车型号和出厂编号）从上（前）方应易拓印。打刻的车辆识别代号的字母和数字的字高应大于等于 7.0 mm、深度应大于等于 0.3 mm（乘用车深度应大于等于 0.2 mm）。打刻的整车型号和出厂编号字高应为 10.0 mm，深度应大于等于 0.3 mm。

车辆识别代号（或整车型号和出厂编号）一经打刻不得更改、变动，并符合 GB/T 16735—2004 的规定。同一辆机动车的车架（无车架的机动车为车身主要承载且不能拆卸的部件）上，不得既打刻车辆识别代号，又打刻整车型号和出厂编号。同一辆车上标识的所有车辆识别代号内容应相同。

（3）发动机型号和出厂编号应打刻（或铸出）在气缸体上且应能永久保持，在出厂编号的两端应打刻起止标记（没有打刻起止标记的空间时不打刻）；如打刻（或铸出）的发动机型号和出厂编号不易见，则应在发动机易见部位增加能永久保持的发动机型号和出厂编号的标识。

纯电动汽车、插电式混合动力汽车、燃料电池汽车和电动摩托车应在主驱动电动机壳体上打刻电动机型号和编号；如打刻的电动机型号和编号被覆盖，应留出观察口，或在覆盖件上增加能永久保持的电动机型号和编号的标识。

（4）增加的标识应易见，且非经破坏性操作不能被完整取下。

（5）乘用车和总质量小于等于 3 500 kg 的货车（低速汽车除外）应在靠近风窗立柱的位置设置能永久保持的车辆识别代号标识；该标识从车外应能清晰地识读，且非经破坏性操作不能被完整取下。对具有发动机电子控制单元（ECU）的乘用车，其 ECU 应记载有车辆识别代号等特征信息，且记载的特征信息应能被读取；但如乘用车至少有一处电子数据接口，且通过读取工具能够获得车辆识别代号等特征信息的，应视为满足要求。

除按照 GB 7258—2017 标示车辆识别代号之外，乘用车还应在后备厢（或行李区）从车外无法观察但打开后能直接观察的合适位置标示车辆识别代号，并至少在 5 个主要部件上标示车辆识别代号；但如制造厂家使用了能从零部件编号溯及车辆识别代号等车辆唯一性信息的生产管理系统，主要部件上可标示零部件编号。

车辆识别代号或零部件编号应直接打刻或采用能永久保持的标签粘贴在制造厂家规定主要部件的目标区域内，其字码高度应保证内容能清晰确认。

（6）危险货物运输车的标志应符合 GB 13392—2005 的规定；其中，罐式危险货物运输车还应按照 GB 18564.1—2006 或 GB 18564.2—2008 在罐体上喷涂装运货物的名称，道路运输爆炸品和剧毒化学品车辆还应符合 GB 20300—2006 的规定。

（7）对机动车进行改装或修理时，不得对车辆识别代号（或整车型号和出厂编号）、发动机型号和出厂编号、零部件编号、产品标牌、发动机标识等整车标志进行遮盖（遮挡）、打磨、挖补、垫片等处理及凿孔、钻孔等破坏性操作。

二、外廓尺寸

汽车及汽车列车、挂车的外廓尺寸应符合 GB 1589—2004 的规定；车体应周正，车体外缘左右对称部位高度差应小于等于 40 mm；机动车外观应整洁，各零部件应完好，连接牢固，无缺损。

三、后悬

客车及封闭式车厢（或罐体）的机动车后悬应小于等于轴距的 65%。专项作业车和轮式专用机械车，在保证安全的情况下，后悬可按客车后悬要求核算，其他机动车后悬应小于等于轴距的 55%。车长小于 16 m 的发动机后置的铰接客车，在保证安全的情况下，后悬可不超过轴距的 70%。机动车的后悬均应小于等于 3.5 m。

注意

多轴机动车的轴距按第一轴至最后轴的距离计算（对铰接客车按第一轴至第二轴的距离计算），后悬从最后一轴的中心线往后计算。客车的后悬以车身外蒙皮尺寸计算，如后保险杠突出于后背外蒙皮，则以后保险杠尺寸计算，不计后尾梯。

四、轴荷和质量参数

（1）汽车及汽车列车、挂车的轴荷和质量参数应符合 GB 1589—2004 的规定。

（2）机动车在空载和满载状态下，整备质量和总质量应在各轴之间合理分配，轴荷应在左右车轮之间均衡分配。

五、核载

1. 质量参数核定

机动车最大允许总质量依据发动机功率、最大设计轴荷、轮胎的承载能力及正式批准的技术文件进行核算后，从中取最小值核定。

机动车在空载和满载状态下，转向轴轴荷（或转向轮轮荷）分别与该车整备质量和总质量的比值应大于等于：乘用车 30%；三轮汽车、正三轮摩托车 18%；其他机动车 20%。

铰接列车应在空载和满载状态下对牵引车部分进行核算，铰接客车和铰接式无轨电车应在空载和满载状态下对前车进行核算。

清障车在托举状态下，转向轴轴荷应大于等于总质量的 15%。

汽车或汽车列车驱动轴的轴荷应大于等于汽车或汽车列车总质量的 25%。

货车列车的挂车最大允许装载质量应小于等于货车的最大允许装载质量。

铰接列车的半挂车总质量应小于等于半挂牵引车的最大允许牵引质量。

2. 乘用车乘坐人数核定

前排座位按乘客舱内部宽度（指驾驶人两侧门窗下缘，并在车门后支柱内侧量取）大于等于 1 200 mm 时核定 2 人，大于等于 1 650 mm 时核定 3 人，但每名前排乘员的坐垫宽和坐垫深均应大于等于 400 mm，且不得作为学生座位核定乘坐人数。

除前排座位外的其他排座位，在能保证与前一排座位的间距大于等于 600 mm 且坐垫深度大于等于 400 mm（对第二排以后的可折叠座椅座间距大于等于 570 mm 且坐垫深度大于等于 350 mm）时，按坐垫宽每 400 mm 核定 1 人；但作为学生座位使用时，对幼儿校车按每 280 mm 核定 1 人，对小学生校车按每 350 mm 核定 1 人，对中小学生校车按每 380 mm 核定 1 人。单人座椅坐垫宽大于等于 400 mm 时核定 1 人。

注意

1. 学生座位（椅）是指幼儿校车上专门供幼儿乘坐的座位（椅）、小学生校车上专门供小学生乘坐的座位（椅）及中小学生校车上专门供义务教育阶段学生使用的座位（椅）。

2. 可折叠座椅是指靠背、坐垫铰接且折叠在一起后能完全收起的座椅。

3. 座间距是指座椅坐垫和靠背均未被压陷、驾驶人座椅和前排乘员座椅处于滑轨中间位置、靠背角度可调式座椅的靠背角度及座椅其他调整量处于制造厂规定的正常使用位置时，在通过（单人）座椅中心线的垂直平面内，在坐垫上表面最高点所处平面与地板上方 620 mm 高度范围内水平测量所得的座椅间距数值。

旅居车的核定乘员数应小于等于 9 人。

车长大于等于 6 m 的乘用车设置的侧向座椅不核定乘坐人数。

3. 客车乘员数核定

（1）按乘员质量核定。按 GB/T 12428—2005 确定。

（2）按坐垫宽和站立乘客有效面积核定。长条座椅（指坐垫靠背均为条形的供两人或多人乘坐的座椅）按坐垫宽每 400 mm 核定 1 人，但作为学生座位使用时，对幼儿校车按每 280 mm（对幼儿专用校车按每 330 mm）核定 1 人，对小学生校车按每 350 mm 核定 1 人，对中小学生校车按每 380 mm 核定 1 人；单人座椅坐垫宽大于等于 400 mm（对学生座椅为 380 mm）时核定 1 人。设有乘客站立区的公共汽车，按 GB/T 12428—2005 确定的站立乘客有效面积计算，每 0.125 m^2 核定站立乘客 1 人；双层客车的上层及其他客车不核定站立人数。

（3）按卧铺铺位核定。卧铺客车的每个铺位核定 1 人，驾驶人座椅核定 1 人，乘客座椅（包括车组人员座椅）不核定乘坐人数。

（4）可折叠的单人座椅及驾驶人座椅 R 点所处的横向垂直平面之前的座椅不得作为学生座位（椅）核定人数。

（5）幼儿校车、小学生校车和中小学生校车。按 GB 7258—2017 核定乘员数，其他客车以按 GB 7258—2017 计算的乘员数取最小值核定乘员数。幼儿校车的核定乘员数应小于等于 45 人，其他校车的核定乘员数应小于等于 56 人。二轴卧铺客车的核定乘员数应小于等于 36 人，三轴卧铺客车的核定乘员数应小于等于 40 人。

（6）有驾驶室机动车的驾驶室乘坐人数核定，驾驶室的前排座位，按驾驶室内部宽度（系指驾驶室门窗下缘，并在车门后支柱内侧量取）大于等于 1 200 mm 时核定 2 人，大于等于 1 650 mm 时核定 3 人，但每名前排乘员的坐垫宽和坐垫深均应大于等于 400 mm；双排座位驾驶室的后排座位，按坐垫中间位置测量的车身内部宽度，在能保证与前排座位的间距大于等于 650 mm 且坐垫深度大于等于 400 mm 时，每 400 mm 核定 1 人；带卧铺的货车，卧铺铺位不核定乘坐人数。

（7）有驾驶室的拖拉机运输机组和使用方向盘转向的三轮汽车，除驾驶人外可再核定一名乘员，但其坐垫宽应大于等于 350 mm，座椅深应大于等于 300 mm，且座椅不应增加拖拉机运输机组或三轮汽车的外廓尺寸；不具备上述条件时，只准许乘坐驾驶人 1 人。

（8）货车核定乘坐人数应小于等于 6 人。

（9）特殊规定。装备有残疾人轮椅固定装置的残疾人汽车、装备有担架的救护车等用于载运特定乘客的载客汽车的乘坐人数，以及医疗车、体检医疗车等专项作业车的乘坐人数，参照 GB 7258—2017 核定；旅居半挂车不核定乘坐人数；货车驾驶室（区）以外部位设置的座椅和卧铺不核定乘坐人数。

4. 安全标志

（1）机动车标注的警告性文字应有中文。

（2）旅居车和旅居挂车旅居室内的专用装备设施应明示相应的安全使用规定。

（3）低速汽车和拖拉机运输机组应对需要提醒人们注意的安全事项设置相应的安全标志。安全标志应符合 GB 10396—2006 的规定。

(4) 所有货车和专项作业车均应在驾驶室（区）两侧喷涂总质量（半挂牵引车为最大允许牵引质量），其中，栏板货车和自卸车还应在驾驶室两侧喷涂栏板高度，罐式汽车和罐式挂车还应在罐体上喷涂罐体容积及允许装运货物的种类。栏板挂车应在车厢两侧喷涂栏板高度。喷涂的中文及阿拉伯数字应清晰，高度应大于等于 80 mm。

(5) 总质量大于等于 4 500 kg 的货车（半挂牵引车除外）、所有挂车均应在车厢后部喷涂或粘贴放大的号牌号码，放大的号牌号码字样应清晰。

(6) 所有客车（专用校车和设有乘客站立区的公共汽车除外）应在乘客门附近车身外部易见位置，用高度大于等于 100 mm 的中文及阿拉伯数字标明该车提供给乘员（包括驾驶人）的座位数。

(7) 专用校车车身外观标识应符合 GB 24315—2009 的规定。校车运送学生时，应在前风窗玻璃右下角和后风窗玻璃适当位置各放置一块可以从车外清楚识别的校车标牌；但专门用于接送学生上下学的非专用校车，车身外观标识还应符合专用校车相关规定。

注意
非专用校车是指除专用校车外的其他校车。

(8) 气体燃料汽车、两用燃料汽车和双燃料汽车应按 GB/T 17676—1999 的规定标注其使用的气体燃料类型。

(9) 教练车应在车身两侧及后部喷涂高度大于等于 100 mm 的“教练车”等字样。

(10) 警车、消防车、救护车和工程救险车以外的机动车，不得喷涂和安装与警车、消防车、救护车和工程救险车相同或相类似的标志图案和灯具。

第二节　发动机功率检测

发动机的动力性评价指标包括额定功率和额定转矩，评价指标的确切数值只有在发动机台架试验中才能得到，在发动机不离车的情况下只能用其他的方法对动力性进行间接地判断。

发动机的有效功率是曲轴对外输出的功率，是一个综合性评价指标。

一、发动机功率评价指标

根据国家标准 GB 7258—2017《机动车运行安全技术条件》和 GB/T 15746—2011《汽车修理质量检查评定方法》的规定：发动机功率不允许小于标牌（或产品使用说明书）标明的发动机功率的 75%；大修后发动机最大功率不得低于原设计标定值的 90%。

GB 7258—2017 规定：低速汽车及拖拉机运输机组的比功率应大于等于 4.0 kW/t，除无轨电车外的其他机动车的比功率应大于等于 5.0 kW/t。

注意

比功率为发动机最大净功率（或 0.9 倍的发动机额定功率、或 0.9 倍的发动机标定功率）与机动车最大允许总质量之比。有时为判断发动机故障，需检查发动机各气缸动力性能是否一致。

方法一：先测出发动机整机功率，再测出某个单缸断火情况下的发动机功率，两功率差即为断火之缸的单缸功率。技术状况良好的发动机，各单缸功率应是一致的，即各缸功率差应是相等的，否则会造成发动机运转不平稳。比较各单缸功率，可判断各缸工作状况。

方法二：可利用在单缸断火情况下测得的发动机转速下降值，来评价发动机各气缸的工作状况。工作正常的发动机，在某一转速下稳定运转时，发动机的指示功率与摩擦功率是平衡的。此时，若取消任一气缸的工作，发动机转速都会有相同的下降值。当发动机在 800 r/min 下稳定工作时，取消部分气缸工作致使转速正常平均下降值见表 4—2，要求最高与最低下降值之差不大于平均下降值的 30%。

表 4—2　单缸断火转速正常平均下降值

发动机缸数	单缸断火转速正常平均下降值（r/min）
4	150
6	100
8	50

注意

如果下降值低于表中所列，说明断火之缸工作不良。转速下降值越小，则单缸功率越小，当下降值等于零时，单缸功率也等于零，即该缸完全不工作。

二、发动机功率检测设备

目前，最常用的发动机功率检测设备有两种。一种是便携式发动机无负荷测功仪，如图 4—1 所示；另一种是发动机综合测试仪，如图 4—2 所示。

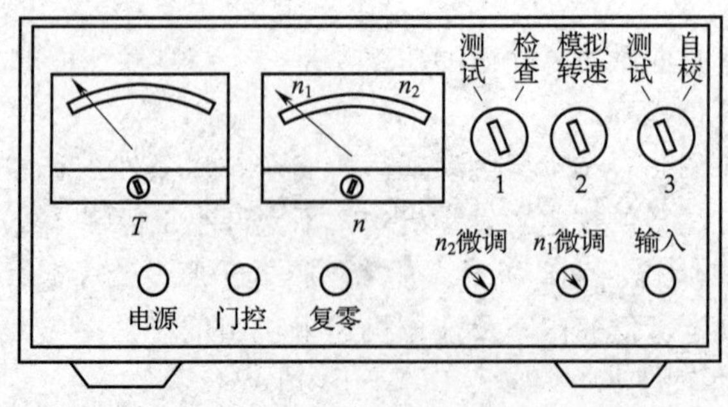

图 4—1　便携式发动机无负荷测功仪

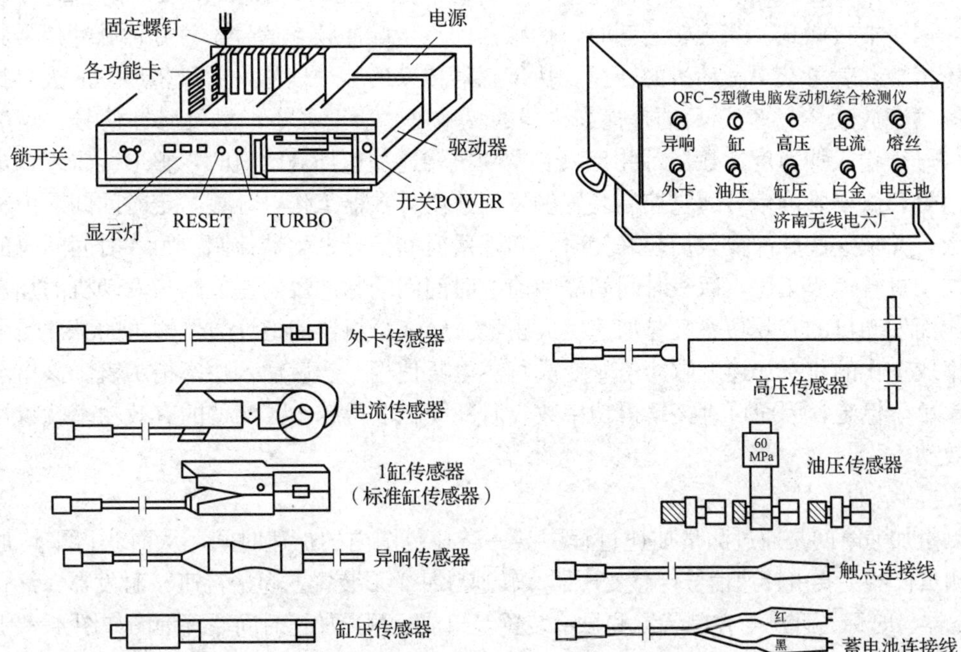

图 4—2　EA－1000 型汽车发动机综合测试仪的主要组成

目前经常采用的测量方法有两种，一种是测量瞬时加速度，另一种是测量加速时间。在国产发动机检测仪中，有的采用通过测角加速度以确定瞬时功率的测试原理，如天津 YT－416 型发动机检测仪；有的采用通过测试加速时间测定平均功率的测试原理，如济南 WFJ－1 型发动机检测仪。

1．测量瞬时加速度

测量瞬时加速度是通过测量加速过程中某一转速下的加速度，从而获得瞬时功率。仪器主要由传感器、整形装置、时间信号发生器、计数器和控制装置、转换分析器、转换开关、功率指示表、转速表和电源等组成。其原理框图如图 4—3 所示。

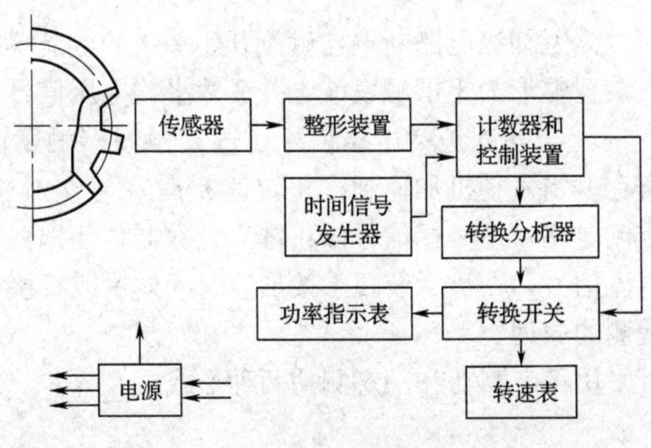

图 4—3　瞬时加速度测量原理框图

电磁感应式传感器装在离合器壳上一个特制的加工孔内，与飞轮齿顶保持 2～4 mm 的间隙，属于非接触式。当飞轮转动时，传感器内产生脉冲频率信号，每分钟脉冲信号频率除以飞轮齿数，就可获得发动机的转速。从传感器传来的脉冲信号，通过整形、放大（把脉冲信号的频率放大 2～4 倍，目的是提高仪器的灵敏度）后变成矩形触发脉冲信号。矩形触发脉冲信号被输入加速度计数器，并且只有发动机转速加速到规定值时，整形装置才输出触发脉冲信号，触发脉冲信号通过控制装置触发加速度计数器工作，计算一定时间间隔内输入的脉冲数，并把这些脉冲数累加起来。时间间隔由时间信号发生器控制。第一时间间隔的脉冲数与发动机转速成正比，后一时间间隔和前一时间间隔脉冲数的差值则与发动机的加速度成正比，而发动机的有效功率又与加速度成正比。转换分析器能把计数器输出的脉冲信号，即与功率成正比的相对加速度脉冲信号变成直流电压信号，然后输入功率指示表。该指示表可按功率单位标定，因而可直接读得功率数。时间间隔取得越小，测得的有效功率就越接近瞬时有效功率。

2. 测量加速时间

测量加速时间是通过测量加速过程中某一转速范围内的加速时间，从而获得平均加速功率。测量仪器主要由转速信号传感变压器、转速脉冲整形装置、起始转速 n_1 触发器、终止转速 n_2 触发器、时标、计算与控制装置和显示装置等组成，测量加速时间原理框图如图 4—4 所示。

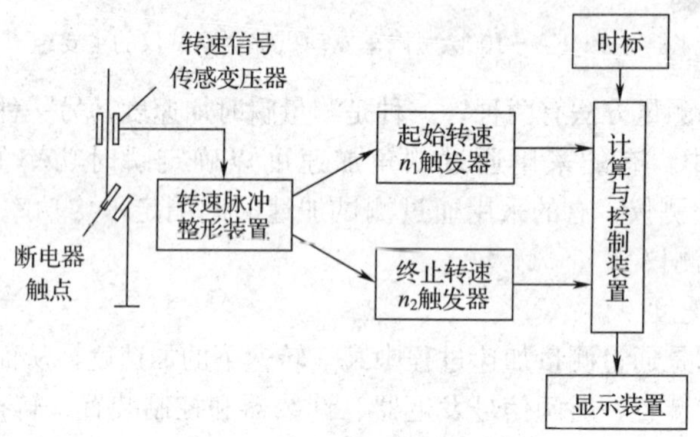

图 4—4　测量加速时间原理框图

这种仪器能把来自点火系初级电路断电器触点开闭一次的电流感应信号，作为发动机转速的脉冲信号，经整形装置整形为矩形触发波，并变为平均电压信号。当发动机节气门突然全开加速到起始转速 n_1 时，与 n_1 对应的电压信号通过 n_1 触发器触发计算与控制电路，使时标信号进入计数器并寄存。当发动机加速到终止转速 n_2 时，与 n_2 对应的电压信号通过 n_2 触发器又去触发计算与控制电路，使时标信号停止进入计数器，并把寄存器中的时标脉冲数经数模转换随时转换成电流信号，在显示装置上按加速时间显示或直接标定成功率显示。

三、发动机功率检测的原理

发动机功率测试可采用稳态测功和动态测功两种形式。

1. 稳态测功

稳态测功是对发动机功率进行测量的一种台架试验，指发动机在节气门开度（或油量调节机构位置）一定、转速一定和其他参数都保持不变的稳定状态下，在测功器上测定发动机功率的一种方法。稳态测功多为发动机设计和科研单位进行性能试验所采用，其缺点是费时费力、成本较高，并且需要大型、固定安装的测功器。因而，在一般的汽车运输企业、汽车维修企业和汽车检测站中采用不多。

2. 动态测功

动态测功是在发动机节气门开度和转速等均为变动的状态下，测定发动机功率的一种方法。由于动态测功时无须对发动机施加外部载荷，所以又称为无负荷测功或无外载测功。这种测功的基本方法是：当发动机在怠速或空载某一转速时，突然全开节气门，使发动机克服其惯性和内部各种运动阻力而加速运转，其加速性能的好坏可直接反映出发动机功率的大小。因此只要测出发动机在加速过程中的某一参数，就可得出相应的最大功率。

动态测功是基于动力学的原理。当发动机在怠速或某一空载低转速运转时，突然全开节气门加速运转，此时发动机产生的动力，除克服各种内部运动阻力矩外，将使曲轴加速运转，即发动机以自身运动机件为载荷加速运转。被测发动机的有效功率越大，则曲轴的瞬时角加速度也越大，而加速时间越短。所以，只要测得角加速度和加速时间，就可以间接获得发动机功率。

（1）测角加速度。转矩与角加速度的关系为：

$$M_{\mathrm{e}} = J\frac{\mathrm{d}\omega}{\mathrm{d}t} = J\frac{\pi}{30}\times\frac{\mathrm{d}n}{\mathrm{d}t}$$

上式表明，发动机加速过程中，在某一转速下的有效功率与该转速下的瞬时加速度成正比。因此，只要测出加速过程中的这一转速和对应的瞬时加速度，即可求出该转速下的有效功率。对于某一型号的发动机，其转动惯量 J 为一固定值，如解放 CA10B 型发动机的转动惯量为 0.944 38 $\mathrm{kg\cdot m^2}$。

（2）测加速时间。根据功能原理，发动机在某一转速范围的加速过程中，发动机驱动曲轴转动所做的功等于曲轴旋转动能的增量：

$$A = \frac{1}{2}J\omega_2^2 - \frac{1}{2}J\omega_1^2$$

$$P_{\mathrm{em}} = \frac{C_1}{\Delta T}$$

$$C_1 = \frac{1}{2}J\left(\frac{\pi}{30}\right)^2\frac{n_2^2 - n_1^2}{1\ 000}$$

若已知转动惯量 J，并确定测量时的起始转速和终止转速 n_1、n_2，则 C_1 为常数，称为平均功率测功系数。

由上式可知，发动机在起止转速范围内的平均有效加速功率与其加速时间成反比。即当发动机的节气门突然全开时，发动机由起始转速到终止转速的时间越长，则其有效加速功率越小；反之则越大。因此，只要测得发动机在设定转速范围内的加速时间，便可得出平均有效加速功率。

另外，还需要通过台架试验，找出稳态特性平均功率与外特性最大功率 P_{emax}之间的关系。其中加速时间 ΔT 与最大功率 P_{emax}之间的关系可用无负荷测功检验仪进行标定，并输入计算机，以便通过测加速时间而能直接读出功率数，也可把它们之间的关系绘制成曲线图或排成表格，以便测出加速时间后能在图中或表中查出对应的功率值。

四、便携式功率检测仪测量方法

1. 仪器的准备

（1）接通仪器电源以前，检查指示装置的指针是否指示在机械零点（数码显示的仪器应显示“000”），否则应采用“机械零点调整旋钮”进行调整。

（2）接通仪器电源，电源指示灯亮，预热仪器至规定时间。

（3）按仪器使用说明书给定的方法，对仪器进行检查、调试和校正，使之完全符合要求。

（4）利用仪器的模拟转速、门控指示灯、n_1 和 n_2 微调电位器，按要求设置起始转速 n_1（略高于怠速稳定转速）、终止转速 n_2（发动机最高转速的 80%）。计算机控制的仪器，可通过数字键输入 n_1 和 n_2 的值。

2. 发动机的准备

调整发动机配气机构、供油系统和点火系统，使之处于技术完好状态；预热发动机至正常工作温度（80～90℃）；调整发动机怠速，使之在规定范围内稳定运转。

3. 功率测试

（1）起动发动机，使之在怠速下稳定运转。

（2）按下仪器“复零”键使指示装置复零。

（3）突然将加速踏板踩到最大位置，使发动机转速迅速上升，当转速达到所确定的测试转速（测瞬时功率）或超过终止转速 n_2 时，仪表显示出加速时间 T。

注意
此时应立即松开加速踏板，以避免发动机长时间高速运转。

（4）记下或打印出读数。

（5）按“复零”键使指示装置复零。

（6）重复步骤（3）、（4）、（5），测量 3 次取其平均值。该测试方法既适用于汽油机，也适用于柴油机。

4. 查对功率

测得加速时间后，应到仪器制造厂推荐的曲线图或表格中查找对应的功率值，以便与标准功率值对照。

五、发动机综合性能分析仪测量方法

1. 仪器的准备

（1）接通仪器电源，预热 20 min。

（2）汽车（或发动机）点火开关置 OFF。

（3）按仪器使用说明书给定的方法，连接好测试线和传感器。

（4）开启主机电源，主机将进入系统自检画面。通过系统自检后，首先进入用户数据录入界面。

（5）输入被测试汽车的有关数据。

2. 发动机的准备

调整发动机配气机构、供油系统和点火系统，使之处于技术完好状态；预热发动机至正常工作温度（80～90℃）；调整发动机怠速，使之在规定范围内稳定运转。

3. 功率测试

（1）进入发动机分析仪的主菜单后，选择“无外载测功”子菜单，设定起始转速 n_1（略高于怠速稳定转速）、终止转速 n_2（发动机最高转速的 80%）。键入当量转动惯量 J 的数值。

（2）起动发动机，使之在怠速下稳定运转。

（3）当驾驶员准备好后，操作人员按下检测按钮，显示器开始显示倒计时。当计时器到零时，迅速将加速踏板踩到最大位置，使发动机转速猛然上升。当达到发动机最高转速时，松开加速踏板，使发动机回到怠速工况。

（4）计算机自动计算发动机转速从 n_1 上升到 n_2 时发动机输出功率，并显示相应数据。

（5）重复步骤（3）、（4），测量 3 次，取其平均值。

注意

若被测发动机的转动惯量未知，则应先测定其转动惯量。其方法为：先选好一台已知最大功率 P_{emax} 的同类型发动机，并设定其转动惯量为 J_1，利用无负荷测功仪对该发动机进行多次功率测量，若测得的最大功率为 P_1，则被测发动机的转动惯量 J 可按下式计算：$J=\frac{J_1}{P_1}P_{emax}$。

第五章　汽车底盘检测

学习目标

1. 熟悉并掌握汽车底盘各系统检测的内容。
2. 能够使用汽车底盘检测仪器和设备。
3. 掌握汽车底盘各系统的检测方法。

汽车底盘由传动系统、行驶系统、转向系统和制动系统等组成。汽车底盘的各项技术状况决定着汽车的操纵稳定性、安全性、传动效率、行驶阻力、平顺性能，还会影响汽车的动力性和燃油等特性。因此，汽车底盘是汽车检测的重点。汽车底盘检测的具体检查项目包括底盘输出功率的检测、转向系统的检测、车轮动平衡的检测、制动系统的检测等。

第一节　底盘输出功率的检测

室内检测汽车动力性时，在底盘测功试验台上测取驱动轮输出功率或驱动力作为诊断参数，即为底盘测功。底盘测功的目的，一是获得驱动车轮的输出功率或驱动力，以便评价汽车的动力性，二是获得驱动轮输出功率与发动机飞轮输出功率进行对比，求出传动效率，以便判断底盘传动系的技术状况。

一、底盘输出功率的评价指标

国家标准 GB/T 18276—2017《汽车动力性台架试验方法和评价指标》规定汽车动力性合格的条件为：

$$\eta_{VM} \geqslant \eta_{Ma} \text{ 或 } \eta_{VP} \geqslant \eta_{Pa}$$

式中　η_{Ma}——汽车在额定转矩工况下校正驱动轮输出功率与额定转矩功率百分比的允许值（%）；

η_{Pa}——汽车在额定功率工况下校正驱动轮输出功率与额定功率百分比的允许值（%）。

二、底盘输出功率检测原理和设备

底盘测功在滚筒式底盘测功试验台上进行。滚筒式底盘测功试验台一般由框架、滚筒装置、举升装置、测功装置、测速装置、控制与指示装置和辅助装置等组成。

1. 框架与滚筒装置

底盘测功试验台的滚筒相当于连续移动的路面，被测车辆的车轮在其上滚动。该试验台有单滚筒和双滚筒之分，如图 5—1 所示。

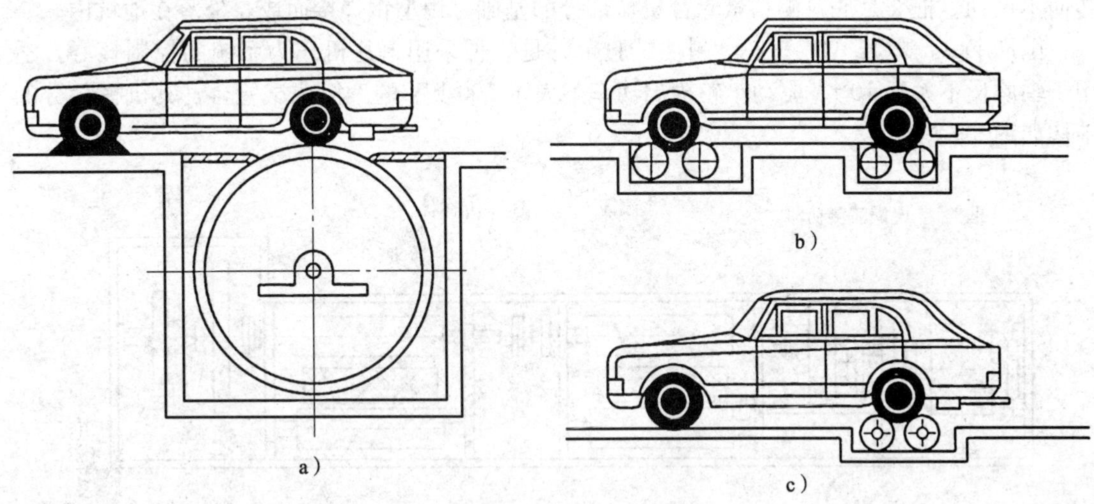

图 5—1　滚筒式底盘测功试验台

a）单轮单滚筒式　b）双轮双滚筒式　c）单轮双滚筒式

（1）单滚筒试验台。支承两边驱动车轮的滚筒各为单个的试验台，称为单滚筒试验台。单滚筒试验台滚筒直径一般较大，多为 1 500～2 500 mm。滚筒直径越大，滚筒表面曲率越小，轮胎与滚筒的滑转率小、行驶阻力小，因而测试精度较高。但加大滚筒直径会受到制造、安装、占地和费用等多方面的限制，因此滚筒直径不宜过大。

单滚筒试验台对车轮在滚筒上的安放、定位要求严格，故使用不方便。所以，这种试验台仅适用于汽车制造厂、科研院所和大专院校科研性试验，不适用于汽车维修企业、汽车检测站等生产性试验。

（2）双滚筒试验台。支承汽车两边驱动车轮的滚筒各为两个的试验台称为双滚筒试验台。双滚筒试台的滚筒直径要比单滚筒小得多，一般为 185～400 mm。滚筒直径往往随试验的最大试验车速而定，当最大试验车速高时，直径也大些。由于滚筒直径相对比较小，轮胎与滚筒的接触与在道路上不一样，致使滑转率增大，滚动阻力增大，滚动损失增加，测试精度较低。据有关资料介绍，在较高试验车速下，轮胎的滚动损失达到传递功的 15%～20%，但双滚筒试验台具有车轮在滚筒上的安放、定位方便和制造成本低等优点，因而适用于汽车维修企业和汽车检测站等生产单位，尤其是单轮双滚筒式得到了广泛应用。

双滚筒试验台的滚筒多采用钢材制成，采用空心结构。按其表面形状不同，有光滑式、滚花式、沟槽式和涂覆层式多种形式。目前，涂覆层式滚筒应用最多，滚花式、沟槽式应用较少。光滑式滚筒表面的摩擦因数较低，而涂覆层式滚筒是在光滑式滚筒面上涂覆摩擦因数与道路实际情况接近一致的材料制成的，是比较理想的一种形式。

单滚筒试验台的滚筒多采用硬质木料或钢板制成，也采用空心结构。

双滚筒式底盘测功试验台还有主、副滚筒之分。与测功器相连的滚筒为主滚筒，左右两个主滚筒之间装有联轴器，左右两边的副滚筒处于自由状态。

不管哪种类型的滚筒，均要经过平衡试验，并通过滚动轴承安装在框架上，可以高速旋转而不振动。框架是底盘测功试验台机械部分的基础，由型钢焊接而成，坐落在地坑内。

国产 DCG－IOE 型汽车底盘测功试验台，是一种采用单片机作为系统的控制核心，适用于轴质量不大于 10 t、驱动车轮输出功率不大于 160 kW 的滚筒式试验台，其机械部分的结构如图 5—2 所示。

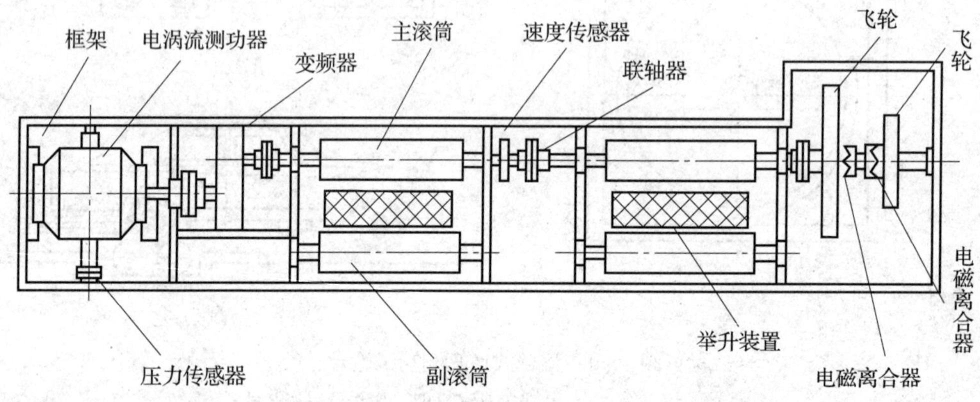

图 5—2　DCG－IOE 型汽车底盘测功试验台机械部分的结构

2. 举升装置

为了方便汽车进出，底盘测功试验台在主、副滚筒之间设有举升装置。举升装置由举升器和举升平板组成。举升器有气动、液动和电动三种形式，以气动最为多见。

举升器又有气缸式和气囊式之分，气囊式结构简单、制造容易、成本低廉，已开始在底盘测功试验台上应用。

3. 测功装置

测功装置能测量发动机经传动系传至驱动车轮的功率。测功装置也是一个加载装置，这对于滚筒式测功试验台是十分必要的，这是因为汽车在滚筒式试验台上试验时，试验台应模拟车辆在道路上行驶所受的各种阻力，因此需要对滚筒加载，以使车辆的受力情况如同在实际道路上行驶一样。

测功装置由测功器和测力装置组成。

（1）测功器。滚筒式底盘测功试验台常用的测功器有水力测功器、电力测功器和电涡流测功器三种。不论哪种测功器，它们都是由转子和定子两大部分组成的，并且转子与主滚筒相连，而定子是可以摆动的。

汽车检测站和汽车维修企业使用的滚筒式底盘测功试验台，多采用电涡流测功器。

电涡流测功器具有测量精度高、振动小、结构简单和易于调控等优点，并具有宽广的转速范围和功率范围。

电涡流测功器的定子，其内部沿圆周布置有励磁线圈和涡流环，转子在励磁线圈和涡流环内转动。转子的外圆上加工有或镶有与圆柱齿轮相仿的、均匀分布的齿与槽，齿顶与涡流环留有一定空气隙。

当励磁线圈通以直流电时，在其周围形成磁场，磁场产生的磁感线通过转子、空气隙、涡流环和定子形成闭合磁路。由于转子外圆上的齿与槽是均布的，因而转子周围的空气隙也大小相间地均布，通过的磁力线也疏密相间。当转子旋转时，这些疏密相间的磁力线也同步旋转。由于通过涡流环上任一点的磁感线是呈周期性变化的，因而在涡流环每一点上都产生了涡电流。该涡电流与产生它的磁场相互作用而产生了对转子的制动力矩，因而测功器吸收了驱动车轮的输出功率，同时也对滚筒加载。

只要变更励磁电流，就可以自由地控制测功器产生的制动力矩，因而能比较容易、经济地实现对测功器的控制。

测功器在工作中吸收的功率转化为热量，因而涡流环的温度较高，需采用风冷或水冷的方式将热量散到大气中去。

(2) 测力装置。该装置能测出驱动车轮产生的驱动力。驱动车轮对滚筒施加的驱动力所形成的转矩，由测功器定子与转子间的制动作用而传给可摆动的定子，定子则通过一定长度的测力杠杆传给测力装置，然后由指示装置显示出来。指示装置的显示值，即为驱动车轮的驱动力。

测力装置有机械式、液压式和电测式三种形式，目前应用较多的是电测式。电测式测力装置一般在测力杠杆外端安装测力传感器，将测力杠杆传来的力变成电信号，经处理后送到指示装置显示出来。

DCG - IOE 型汽车底盘测功试验台在测力杠杆下安装有压力传感器，该传感器产生的电信号送往单片机处理后即可显示出驱动车轮的驱动力。

4. 测速装置

底盘测功试验台在进行测功、加速、等速、滑行和燃料经济性等试验时，都必须对试验车速进行测试。测速装置多为电测式，一般由测速传感器、中间处理装置和指示装置组成。常见的测速传感器有光电式、磁电式、测速发电机等类型，它们通常安装在副滚筒一端，随滚筒一起转动，能把滚筒的转动转变为电信号。该电信号经放大后送入处理装置，换算为车速（km/h）并在指示装置上显示出来。

DCG - IOE 型汽车底盘测功试验台的测速传感器为光电码盘式。该测速传感器输出的脉冲信号送入单片机处理后，在指示装置上以单位为 km/h 的车速显示出来。

5. 控制与指示装置

底盘测功试验台的控制装置和指示装置往往制成一体，形成柜式结构，安置在底盘测功试验台机械部分左前方易于操作和观察的地方。如果测力装置为电测式，指示装置能直接显示驱动车轮的输出功率。特别是计算机控制的底盘测功试验台，测力杠杆下测力传感器输出的电信号送入单片机处理后，可在指示装置上直接显示功率（以 kW 为单位）。

测力装置为机械式和液压式的试验台，其指示装置仅能指示驱动车轮的驱动力。此时，驱动车轮的输出功率应根据测得的驱动力和对应的试验车速按下式计算：

$$P_t = F_t V / 3\,600$$

式中 P_t——气驱动车轮的输出功率（kW）；

F_t——驱动车轮的驱动力（N）；

V——试验车速（km/h）。

DCG-IOE 型汽车底盘测功试验台由计算机控制，其控制多采用无线控制，数据由计算机显示。计算机显示功率—车速曲线或驱动力—车速曲线。底盘测功试验台一般都带有打印机，可打印出测试的数据和曲线。

6. 飞轮装置

飞轮装置用于模拟汽车在道路上行驶时的动能，常采用离合器以实现与滚筒的自由结合。飞轮装置通常具有多个飞轮，飞轮的质量一般按照被测汽车的质量选取。

7. 辅助装置

底盘测功试验台的辅助装置，包括汽车的纵向约束装置和冷风装置等。

（1）纵向约束装置。汽车在底盘测功试验台上试验时，为防止汽车前后位移，应设置必要的纵向约束装置。双滚筒试验台一般不设置纵向约束装置，或必要时在从动车轮前后加装三角木就可以保证试验顺利进行。对于单滚筒试验台，由于要保证驱动车轮在滚筒上运转时能稳定地置于准确位置，只用三角木是不够的，还必须在汽车前后设置能拉紧汽车的钢质索链。三角木和钢质索链均称为纵向约束装置。

（2）冷风装置。汽车在滚筒式底盘测功试验台上模拟道路行驶时，虽然驱动车轮在滚筒上滚动，但汽车并不发生位移，因而缺少迎面风，致使发动机冷却系的散热强度相对不足。特别是当长时间处于大负荷、全负荷试验工况时，发动机易过热，必须在汽车前面面对散热器设置移动式冷风机，以加强冷却。长时间试验也提高了轮胎胎面的工作温度。为延长轮胎的使用寿命，在驱动桥两侧面对着驱动轮处也应设置移动式冷风机，以加强轮胎散热。

三、底盘输出功率的检测步骤

1. 被测车辆的准备

（1）调整发动机配气机构、供油系统和点火系统，使之处于技术完好状态；预热发动机至正常工作温度（80～90℃）；调整发动机怠速，使之在规定范围内稳定运转。

（2）检查传动系统、车轮的连接情况并紧固。

（3）清洁轮胎，检查轮胎气压是否符合规定。

2. 底盘测功机的准备

（1）接通电源，根据被测车型选择测试功率的挡位。

（2）用三角木抵住停在地面上的车轮前部，进行必要的纵向约束。

（3）将冷却风扇置于被测汽车前方 0.5 m 处，对发动机吹风，防止发动机过热。

3. 选择测试点

测功试验时，常选择三个有代表性的工况测试汽车驱动轮的输出功率：

（1）发动机额定转速所对应的车速。

（2）发动机最大转矩转速所对应的车速。

（3）汽车常用车速（如经济车速）。

4. 底盘功率测试

（1）设定试验车速或力矩。

（2）起动发动机，由低速挡逐级换入最高挡，同时逐渐踩下加速踏板，使节气门全开。

（3）待发动机转速稳定后，读取和记录功率值。

（4）重复测试三次，取平均值。

注意
走合期的新车或大修车不宜进行底盘测功；测功时，应注意各种异响和发动机冷却液温度及轮胎表面温度；被测汽车前严禁站人，以确保安全。

第二节　转向系统的检测

转向系性能的好坏直接关系到汽车行驶的安全性和稳定性。因此，在汽车使用过程中应加强对转向系的检测与诊断。

一、转向系统的性能评价指标

根据国家标准 GB 7258—2017《机动车运行安全技术条件》规定：机动车在平坦、硬实、干燥和清洁的道路上行驶，以 10 km/h 的速度在 5 s 之内沿螺旋线从直线过渡到直径为 24 m 的圆周行驶，施加于转向盘外缘的最大切向力不得大于 245 N；机动车转向盘的最大自由转动量不允许大于：最高设计车速不小于 100 km/h 的机动车 20°，其他机动车 30°；前轴采用非独立悬架的汽车，其转向轮的横向侧滑量，用侧滑台检验时侧滑量值应在 ±5 m/km 之间；按 GB/T 14172—2009 规定的方法，客车在乘客区满载、行李舱空载的情况下测试时，向左侧和右侧倾斜最大侧倾稳定角均应大于等于 28°（对专用校车均应大于等于 32°）；且除定线行驶的双层（公共）汽车外，在空载、静态条件下，向左侧和右侧倾斜最大侧倾稳定角均应大于等于 35°（注：铰接客车和铰接式无轨电车按前车考核）；罐式汽车和罐式挂车在满载、静态状态下，向左侧和右侧倾斜最大侧倾稳定角应大于等于 23°；其他机动车在空载、静态状态下，向左侧和右侧倾斜最大侧倾稳定角应大于等于：三轮机动车（包括三轮汽车和三轮摩托车，下同）25°；总质量为整备质量的 1.2 倍以下的机动车 30°；总质量不小于整备质量的 1.2 倍的专项作业车和轮式专用机械车 32°；其他机动车（特型机动车、两轮普通摩托车及轻便摩托车除外）35°。

二、车轮定位的动态检测

车轮定位的检测包括转向轮（通常为前轮）定位的检测和非转向轮（通常为后轮）定位的检测。转向轮和非转向轮定位的检测，也即前轮和后轮定位的检测，统称为四轮定位的检测。汽车前轮定位，包括前轮外倾角、前轮前束、主销后倾角和主销内倾角，是评价汽车前轮直线行驶稳定性、操纵稳定性、前轴和转向系技术状况的重要诊断参数。后轮定位主要有后轮外倾角和后轮前束，可用于评价后轮的直线行驶稳定性和后轴的技术状况。因此，车轮定位值的检测是十分必要的。

汽车车轮定位的检测方法有静态检测法和动态检测法两种类型。

静态检测法是在汽车静止的状态下根据车轮旋转平面与各车轮定位间存在的直接或间接的几何关系，用专用检测设备对车轮定位进行几何角度的测量。使用的检测设备一般有气泡水准式、光学式、激光式、电子控制式和计算机控制式等前轮定位仪或四轮定位仪（统称为车轮定位仪）。

车轮定位的动态检测是通过检测汽车的侧滑量，判断车轮前束和外倾的匹配状况。侧滑量的检测一般在汽车侧滑试验台上进行。

汽车侧滑量一般由汽车侧滑试验台检测。滑板式侧滑试验台按滑动板数不同，可分为单板式和双板式两种。它们一般均由测量装置、指示装置和报警装置等组成。以下主要介绍双板式侧滑试验台。

1. 测量装置

测量装置由框架、左右两块滑动板、杠杆机构、回位装置、滚轮装置、导向装置、锁止装置、位移传感器及信号传递装置等组成。该装置能把前轮侧滑量测出并传递给指示装置。

滑动板的长度一般有 500 mm、800 mm 和 1 000 mm 三种。滑动板的上表面制有 T 形纹或十字纹，以增加与轮胎之间的附着力。滑动板的下部装有滚轮装置和导向装置，两滑动板之间连接有曲柄机构、回位装置和锁止装置。在侧向力作用下两滑动板只能在左右方向上作等量位移，并且要向内均向内、要向外均向外，在前后方向上不能位移。

当前轮正前束（IN）过大时，滑动板向外侧滑动；当前轮负前束（OUT）过大时，滑动板向内侧滑动；当侧向力消失时，在回位装置作用下两滑动板回到零点位置；当关闭锁止装置时，两滑动板被锁止。

测试时，将滑动板的位移量通过位移传感器变成电信号，再经过放大与处理传输给指示装置。位移传感器有自整角电动机式、电位计式和差动变压器式等多种形式。

以自整角电动机作为位移传感器的测量装置如图 5—3 所示。测量装置上的发信自整角电动机通过齿轮齿条机构、杠杆和连杆等与滑动板连接在一起。指示装置中也装备有同一规格的收信自整角电动机。当滑动板位移时，发信自整角电动机回转一定角度，并产生电信号传输给收信自整角电动机，收信自整角电动机接收到电信号后回转同一角度，并通过指针指示出滑动板位移量的大小和方向。

以电位计作为位移传感器的测量装置如图 5—4 所示。可以看出，当滑动板位移时能变为电位计触点在电阻线圈上的移动，致使电路阻值发生变化，进而使电路电压发生变化。把这一变化传输给指示装置（电压表），就可将滑动板位移量的大小和方向指示出来。

以差动变压器为位移传感器的测量装置如图 5—5 所示。当滑动板产生位移时，通过触点带动差动变压器线圈内的铁芯移动，使电路电压发生变化。将这一变化传输给指示装置（电压表），就可将滑动板位移量的大小和方向指示出来。

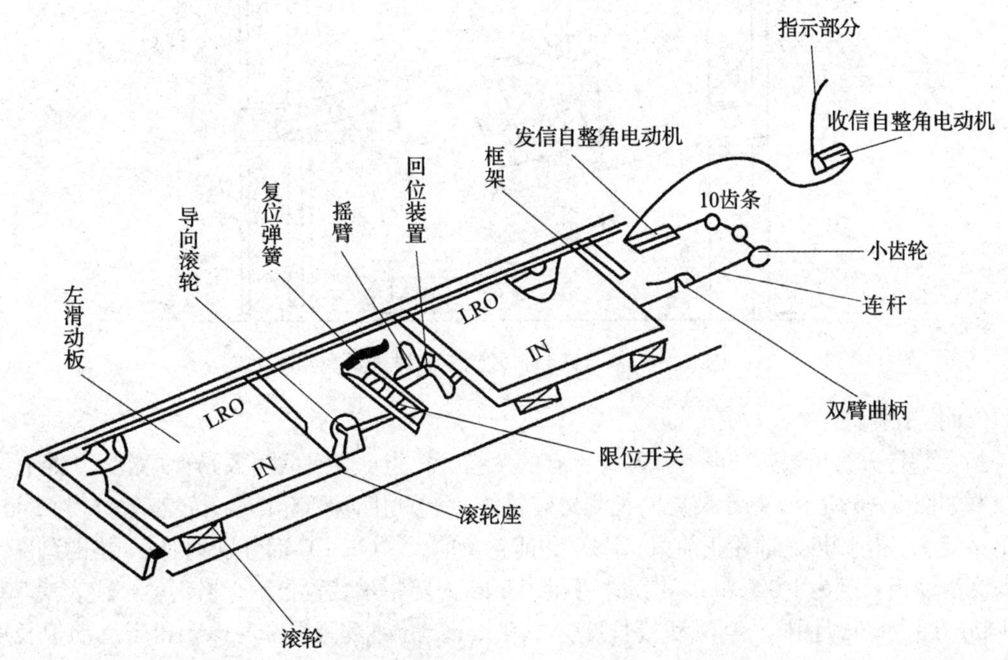

图 5—3　侧滑试验台自整角电动机式测量装置

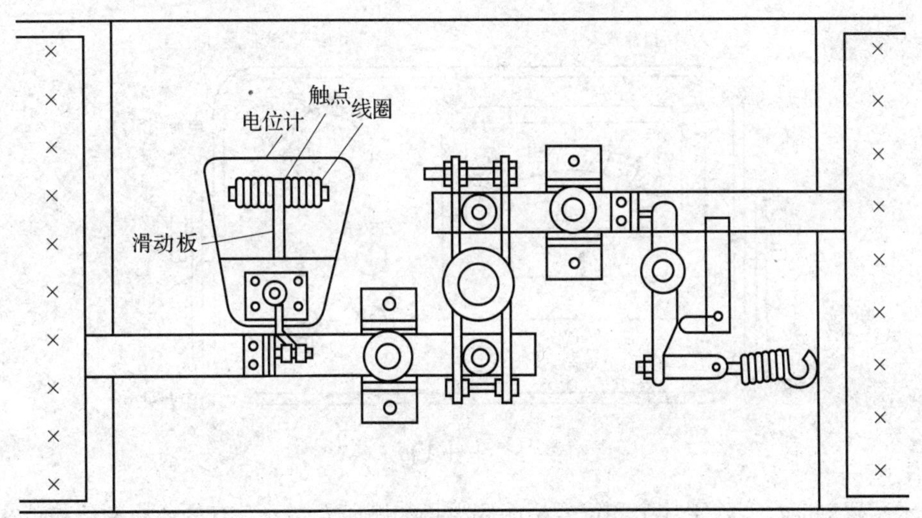

图 5—4　侧滑试验台电位计式测量装置

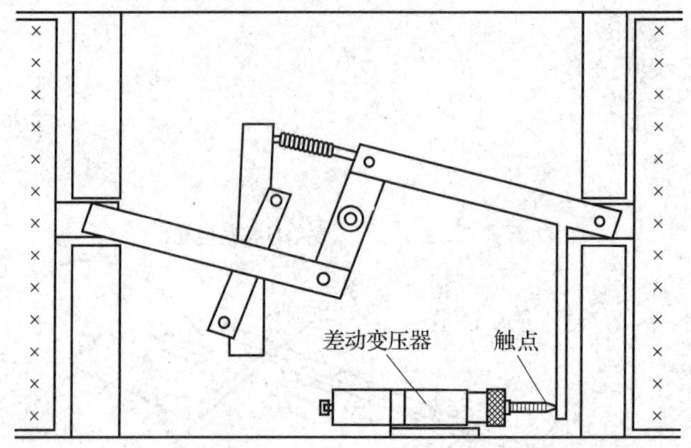

图 5—5　侧滑试验台差动变压器式测量装置

2. 指示装置

指示装置分为机械式和电气式两种，有的用指针式指示，有的用数码管式指示。指针式指示装置如图 5—6 所示。指示装置能把测量装置传递来的滑动板侧滑量，按汽车每行驶 1 km 侧滑 1 m 定为一格刻度。前轮正前束（IN）和前轮负前束（OUT）都分别刻有 10 格的刻度。因此，当滑动板长度为 1 000 mm、滑动板侧滑 1 mm 时，指示装置指示 1 格刻度，代表汽车每行驶 1 km 侧滑 1 m。同样，当滑动板长度为 800 mm、滑动板侧滑 0.8 mm 和当滑动板长度为 500 mm、滑动板侧滑 0.5 mm 时，指示装置也都能指示一格刻度。这样，检测人员从指示装置上就可获得前轮侧滑量的具体数值，并根据指针偏向的方向确定出侧滑方向。

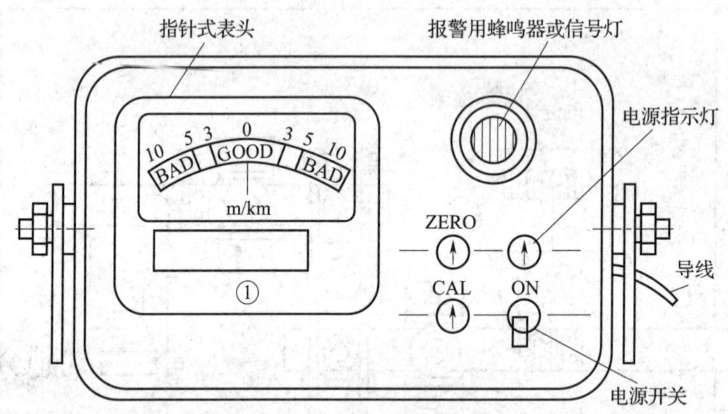

图 5—6　指针式指示装置

指示装置刻度盘上除用数字和符号标明侧滑量和侧滑方向外，有的还用颜色和英文划分为三个区域，即侧滑量。0～3 mm 范围内为绿色，表示为良好（GOOD）区域；侧滑量 3～5 mm 为黄色，表示为可用区域；侧滑量 5 mm 以上为红色，表示为不良（BAD）区域。

3. 报警装置

在检测前轮侧滑量时，为了便于快速表示检测结果是否合格，当前轮侧滑量超过规定值（5 格刻度）后，侧滑试验台的报警装置能根据测量装置的限位开关发出的信号，用蜂鸣器或信号灯报警，因而无须再读取指示仪表上的具体数值，为检测工作节约时间。

国内各厂家生产的侧滑试验台的电气式指示装置，多以单片机进行数据采集和处理，因而具有操作方便、运行可靠、抗干扰性强等优点，同时还能对检测结果进行分析、判断、存储、打印和数字显示等功能。如国产 CH－IOA 型侧滑试验台电气原理框图如图 5—7 所示，指示装置面板如图 5—8 所示。该种侧滑试验台，当滑动板侧滑时通过位移传感器转变成电信号，经过放大与信号处理后成为 0～5 V 的模拟量，再经 A/D 转变成数字量，输入单片机进行运算处理，然后由数码管显示出检测结果，或由打印机打印出检测结果。

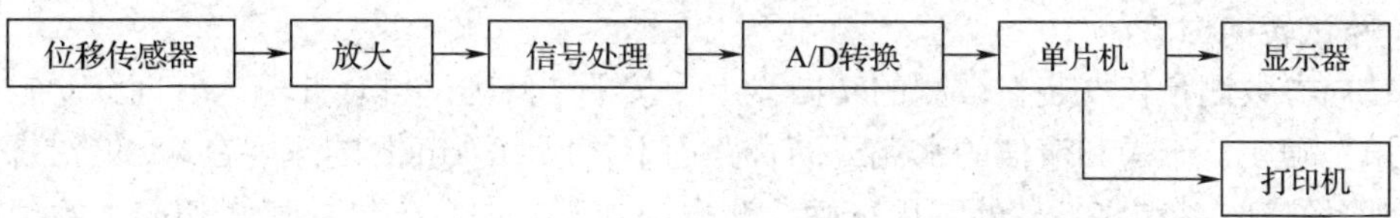

图 5—7 CH－IOA 型侧滑试验台电气原理框图

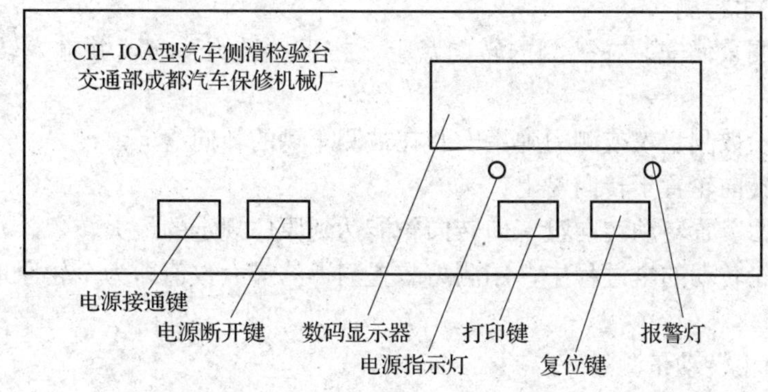

图 5—8 数字式指示装置面板

三、车轮侧滑量的检测步骤

1. 检测前的准备

(1) 检查轮胎气压应符合汽车制造厂的规定。

(2) 清理轮胎上沾有的油污、泥土、水或花纹沟槽内嵌的石子。

(3) 检查侧滑试验台导线连接情况，在导线连接良好的情况下打开电源开关，查看指针式仪表的指针是否在机械零点上，并进行必要的调整；或查看数码管是否亮度正常并都在零位上。

(4) 检查报警装置在规定值时能否发出报警信号，并视需要进行调整或修理。

(5) 检查侧滑试验台上面及其周围的清洁情况，如有油污、泥土、砂石及水等应予清除。

(6) 打开侧滑试验台的锁止装置，检查滑动板能否在外力作用下左右滑动自如、外力消失后回到原始位置且指示装置指在零点。

2. 检测车轮侧滑量

(1) 汽车以 3～5 km/h 的速度垂直侧滑板驶向侧滑试验台，使前轮稳定通过滑动板。

(2) 当前轮完全通过滑动板时，从指示装置上观察侧滑方向并读取、打印最大侧滑量。

（3）检测结束后，切断电源并锁止滑动板。

注意

不能让超过试验台允许轴荷的车辆通过侧滑试验台；车辆不能在侧滑试验台上转向或制动；保持侧滑试验台内、外及周围环境清洁。

四、转向盘自由行程的检测及转向力的检测步骤

1. 路试转向力检测

将转向参数测量仪安装在被测的转向盘上，按下“转力”键，并输入转向盘半径。让汽车在平坦、硬实、干燥和清洁的水泥或沥青路面上，以 10 km/h 的速度在 5 s 内沿螺旋线从直线行驶过渡到直径为 24 m 的圆周行驶，测出施加于转向盘外缘的最大切向力数值，该数值即为转向盘转向力。

2. 原地转向力检测

将转向参数测量仪安装在被测的转向盘上，按下“转力”键，并输入转向盘操纵盘半径。

（1）将转向参数测量仪或测力弹簧安装在被测车辆的转向盘上。

（2）将汽车转向轮置于转向盘上。

（3）通过测力装置转动转向盘，使转向轮能达到原厂规定的最大转角。

（4）在转向轮转动的全过程中，用测力装置测得的最大数值即为车轮原地转动的转向盘转向力。

3. 转向盘自由转动量测量

转向盘自由转动量可采用转向参数测量仪进行检测。其检查方法如下。

（1）将转向参数测量仪安装在被测的转向盘上。

（2）停放汽车，使前轮处于直线行驶位置，并接好仪器电源。

（3）将转向盘转至自由转动的一侧极限位置，按下“角测”按钮，再按相反方向缓慢转动转向盘，直至另一侧自由转动极限位置时停止转动，则仪器显示的角度即为转向盘自由转动量。

4. 查对参数

（1）路试转向力检测为 GB 7258—2017《机动车运行安全技术条件》推荐使用的方法，其检测标准是：转动转向盘的最大转向力应小于或等于 245 N。

（2）原地转向力检测为 GB 18565—2001《营运车辆综合性能要求和检验方法》中规定使用的方法，营运车辆使用该法的检测标准是：转动转向盘的最大转向力应小于或等于 120 N。

（3）转向盘自由转动量根据 GB 7258—2017《机动车运行安全技术条件》的规定：

1）最大设计车速大于等于 100 km/h 的机动车 15°。

2）三轮汽车 35°。

3）其他机动车 25°。

第三节　制动系统的检测

制动系统是汽车底盘的主要组成部分，汽车制动性能直接影响汽车行驶、停车的安全，是安全行车的重要因素之一，因此是汽车检测的重点。

一、制动性能评价指标

根据国家标准 GB 7258—2017《机动车运行安全技术条件》规定，机动车可以用制动距离、制动减速度和制动力检测制动性能，只要其中之一符合要求，即为合格。

1. 路试制动检测评价指标

机动车行车制动性能和应急制动性能检验应在平坦、硬实、清洁、干燥且轮胎与地面间附着系数不小于 0.7 的水泥或沥青路面上进行。检验时发动机动力传动应脱开。

(1) 行车制动性能检验

1) 用制动距离检验行车制动性能。机动车在规定的初速度下的制动距离和制动稳定，应符合表 5—1 的要求。对空载检验制动距离有质疑时，可按表 5—1 满载检验的制动性能要求进行。

表 5—1　　制动距离和制动稳定性要求

车辆类型	制动初速度（km/h）	满载检验制动距离要求（m）	空载检验制动距离要求（m）	试车道宽度（m）
乘用车	50	≤20	≤19	2.5
总质量不大于 3 500 kg 低速货车	30	≤9	≤8	2.5
其他总质量不大于 3 500 kg 汽车	50	≤22	≤21	2.5
其他汽车、汽车列车	30	≤10	≤9	3

制动距离是指机动车在规定的初速度下急踩制动时，从脚接触制动踏板（或手触动制手柄）时起至车辆停住时车辆驶过的距离。

制动稳定性要求：制动过程中机动车的任何部位（不计入车宽的部位除外）不允许超规定宽度的试车通道的边缘线。

2) 用充分发出的平均减速度检验行车制动性能。汽车、汽车列车在规定的初速度下急踩制动时充分发出的平均减速度和制动稳定性应符合表 5—2 的要求。制动协调时间对液压制动汽车应不大于 0.35 s，对气压制动汽车应不大于 0.6 s，汽车列车制动协调时间应不大于 0.8 s。对空载检验制动性能有质疑时，可按表 5—2 中满载检验的制动性能要求进行。

制动协调时间是指在急踩制动时，从制动踏板开始动作至车辆减速度（或制动力）达到表 5—2 规定的车辆充分发出的平均减速度 75%时所需的时间。

表 5—2　　**制动平均减速度和制动稳定性要求**

车辆类型	制动初速度（km/h）	满载检验制动充分发出的平均减速度（m/s^2）	空载检验制动充分发出的平均减速度（m/s^2）	试车道宽度（m）
乘用车	50	≥5.9	≥6.2	2.5
总质量不大于 3 500 kg 低速货车	30	≥5.2	≥5.6	2.5
其他总质量不大于3 500 kg 汽车	50	≥5.4	≥5.8	2.5
其他汽车、汽车列车	30	≥5.0	≥5.4	3

3）进行制动性能检验时的制动踏板力或制动气压应符合以下要求。

①满载检验时：

气压制动系：气压表的指示气压≤额定工作气压。

液压制动系：踏板力，乘用车运≤500 N。

其他车辆≤700 N。

②空载检验时：

气压制动系：气压表的指示气压≤600 kPa。

液压制动系：踏板力，乘用车≤400 N。

其他车辆≤450 N。

（2）应急制动性能检验。汽车在空载和满载状态下，按表 5—3 所列初速度进行应急制动性能检验，测量从应急制动操纵始点至车辆停住时的制动距离。应急制动中的制动距离应符合表 5—3 的要求。

表 5—3　　**应急制动性能要求**

车辆类型	制动初速度（km/h）	制动距离（m）	充分发出的平均减速度（m/s^2）	允许操纵力不应大于（N）	
				手操纵	脚操纵
乘用车	50	≤38	≥2.9	400	500
客车	30	≤18	≥2.5	600	700
其他汽车	30	≤20	≥2.2	600	700

（3）驻车制动性能检验。在空载状态下，驻车制动装置应能保证车辆在坡度为 20%（总质量为整备质量的 1.2 倍以下的车辆为 15%）、轮胎与路面间的附着系数不小于 0.7 的坡道上正、反两个方向保持固定不动，其时间不少于 5 min。对于允许挂接列车的汽车，其驻车制动装置必须能使汽车列车在满载状态下时能停在坡度 12%（坡道上轮胎与路面间的附着系数不小于 0.7）的坡道上。

2. 台试检验制动性能

（1）行车制动性能检验

1）汽车、汽车列车在制动试验台上测出的制动力应符合表 5—4 的要求。对空载检验制动力有质疑时，可按表中规定的满载检验制动力要求进行检验。

表 5—4　　台试检测制动力要求

车辆类型	制动力总和与整车质量的百分比（%）		轴制动力与轴荷的百分比（%）	
	空载	满载	前轴	后轴
乘用车、总质量不大于 3 500 kg 货车	≥60	≥50	≥60	≥20
其他汽车、汽车列车	≥60	≥50	≥60	—

检验时制动踏板力或制动气压按本节路试检验制动性能同一条款的规定。

2）制动力平衡要求。在制动力增长全过程中，左右轮制动力差与该轴左右轮中制动力大者之比，对前轴不得大于 20%；对后轴，在轴制动力不小于该轴轴荷的 60%时不得大于 24%；对后轴，在轴制动力小于该轴轴荷的 60%时，在制动力增长全过程中同时测得的左制动力差的最大值不应大于该轴轴荷的 8%。

3）制动协调时间对液压制动汽车应不大于 0.35 s，对气压制动汽车应不大于 0.6 s，汽车列车制动协调时间应不大于 0.8 s。

4）汽车车轮阻滞力要求：进行制动力检测时车辆各车轮的阻滞力均不得大于该轴轴荷 5%。

(2）驻车制动性能检验。当采用制动试验台检验车辆驻车制动的制动力时，车辆空载，乘坐一名驾驶员，使用驻车制动装置，驻车制动力的总和应不小于该车在测试状态下整车质量的 20%；对总质量为整备质量 1.2 倍以下的车辆不小于 15%。

(3）复检。当车辆经台试检验后对其制动性能有质疑时，可按前述路试检验制动性的规定（制动距离、充分发出的平均减速度）进行复检，并以满载路试的检验结果为准。

3. 制动完全释放时间

机动车制动完全释放时间（即从松开制动踏板到制动力完全消除所需要的时间），不得大于 0.8 s。

二、制动性能室内检测方法和设备

制动性能室内检测通常用制动试验台来完成。制动试验台，可以作为移动的路面来近似地模拟实际制动过程。它具有迅速、准确、经济、安全、不受外界自然条件的限制、试验重复性好和能定量地指示出各车轮的制动力或制动距离等优点。

1. 制动试验台的类型

制动试验台按不同的分类方法，可以分出不同的类型。常见的分类方法有：按试验台测试原理不同，可分为反力式和惯性式两类；按试验台支承车轮形式不同，可分为滚筒式和板式两类；按试验台检测参数不同，可分为测制动力式、测制动距离式和多功能综合式三类；按试验台测量装置至指示装置传递信号方式不同，可分为机械式、液压式和电气式三类。

反力式滚筒制动试验台（测制动力式）和惯性式滚筒制动试验台（测制动距离式）广泛使用。惯性跑板式制动试验台国内外很少使用。多功能综合试验台则不仅能检测车辆的制动性能，还能进行底盘测功，模拟道路行驶，进行加速性能、滑行性能、燃料经济性能和车速表指示误差的检测等。

2. 反力式滚筒制动试验台的结构与工作原理

(1) 反力式滚筒制动试验台的结构。图 5—9 所示为反力式制动试验台制动力测量方法示意图。将被检汽车的车轮置于两个滚筒上，用电动机通过减速器驱动滚筒再带动车轮旋转。当车轮制动时，车轮给滚筒一个与旋转方向相反的力，该力通过电动机、杠杆传给测力秤，并由测力秤的指示表显示出来，从而测出了车轮的制动力。反力式制动试验台主要由制动力承受装置、驱动装置、制动力检测装置和制动力指示与控制装置组成。

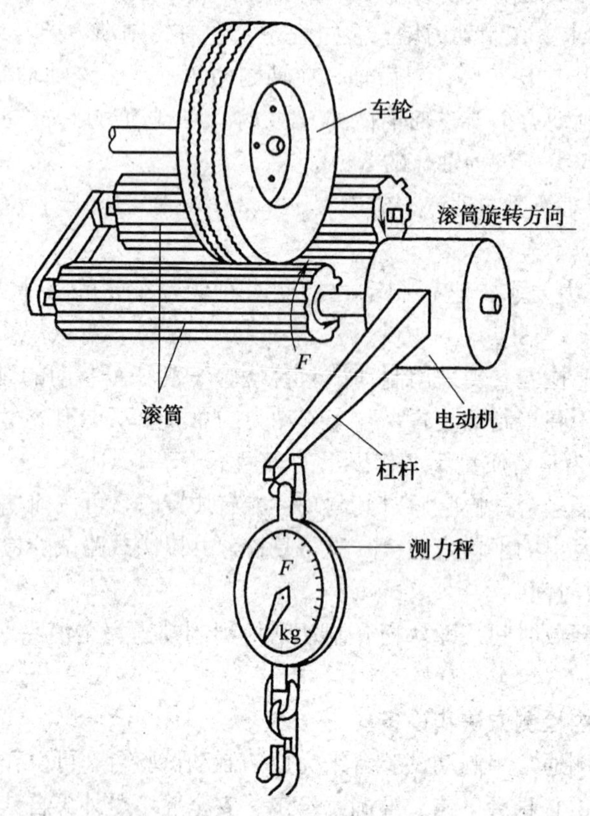

图 5—9 反力式制动试验台制动力测量方法示意图

1) 制动力承受装置。制动力承受装置由两副滚筒组成，每副滚筒有一个主动滚筒和一个从动滚筒。滚筒用钢材制成，滚筒的外圆周上开有纵向矩形槽，可增加车轮与滚筒间的附着系数（这里的附着系数一般取 0.6 以上），两副滚筒分别用轴承安装在试验台架上。在两滚筒之间装有举升器（举升器可采用气压式或液压式，当车辆驶入、驶出时，举升器将托板举起，使车轮平稳驶入、驶出两滚筒之间，以减少冲击）。

2) 驱动装置。驱动装置由电动机、减速器和传动链条等组成。电动机的转速经减速器内一副蜗轮蜗杆副和一对直齿轮副的两级减速后传给主动滚筒；主动滚筒通过链条带动从动滚筒旋转。减速器壳体为浮动连接，能绕滚筒轴转动。

3）制动力检测装置。制动力检测装置由测力杠杆和检测机构等组成。检测机构的形式很多，如自整角电动机式（即同步电动机式）、电位计式、差动变压器式和应变片式等。测量装置中，用来测量由传动齿轮传给测力臂再传给测力弹簧的作用力的装置称为传感器。传感器将接收的作用力以电荷量形式测出，然后传给指示装置。

4）制动力指示与控制装置。控制装置有电子式与计算机式之分。电子式的控制装置多以指针式指示仪表；计算机式控制装置多配以数字显示器。国产反力式制式试验台多为计算机式。

制动试验台使用的指针式仪表有两种形式：一种是一轴单针式，另一种是一轴双针式。一轴单针式有两个刻度盘，两个指针分别指示左右轮的制动力。一轴双针式只有一个刻度盘，两个指针分别指示左右轮的制动力。

（2）反力式滚筒制动试验台的使用方法

1）在使用前，被检汽车要做好如下准备工作：

①轮胎气压应符合汽车制造厂的规定。

②轮胎沾有水、油等或轮胎花纹沟槽内嵌有小石子时应清除。

2）准备工作完成后按下列步骤检测：

①接通试验台电源。

②用试验台手控设定轴重。

③升起举升器的托板。计算机控制框图要把预先测定的前后轴重分别设定在轴重指示仪表上。

④将汽车尽可能地垂直于滚筒方向驶入试验台，让车轮停放在举升器托板上。

⑤降下举升器托板，直到车轮与托板完全脱离为止。将变速器的变速杆挂入空挡。

⑥起动电动机，使滚筒带动车轮转动。

⑦缓缓将制动踏板踩到底，读取仪表上指示的最大制动力值。

⑧前后轮的制动力检测完后，拉驻车制动拉杆，读取仪表指示的最大制动力值。

⑨全部检测结束后，切断电动机电源，升起举升器的托板，汽车驶离试验台。

⑩切断试验台电源。

注意

超过试验台允许的轴重或轮重的汽车，一律不准上试验台进行检测。试验台不检测期间，一律不准在上面停放汽车。检测时，发动机应熄火，变速器应处于空挡位置。对气压气制动系统的汽车其储气气压应保持在590 kPa。

3）惯性式制动试验台。惯性式制动试验台的基本原理是用旋转飞轮的动能来模拟汽车在道路上行驶时的平移动能。在一个较大的光面滚筒上串联一个惯性飞轮，电动机驱动飞轮旋转，并带动车轮转动；设车轮相当于30 km/h的速度转动，则与滚筒相连的所有旋转件的总惯性质量，相当于汽车车轮30 km/h速度下的惯性质量，这就模拟了与路试相似的结果。

图 5—10 所示为双轴惯性式制动试验台。它可以同时测试双轴车辆所有车轮的制动距离。测试汽车置于滚筒组上，前滚筒组可根据被测汽车轴距由液压缸来调节，调节后用液压缸夹紧定位。左右主动滚筒用半轴与差速器相连，再经差速器与变速器、花键轴相接。后滚筒上有第三滚筒，防止汽车制动时向后跳动。测试时，由被试车驱动后滚筒旋转，并经过离合器、花键轴、变速器、差速器带动前滚筒及汽车前轮一起旋转。此时，按被测汽车行驶时惯性等效质量配置的飞轮也一起旋转。当车轮制动后，滚筒及飞轮将依惯性继续旋转，其继续旋转的圈数（即相当于汽车的制动距离）则取决于被测车轮制动系统的技术状况。

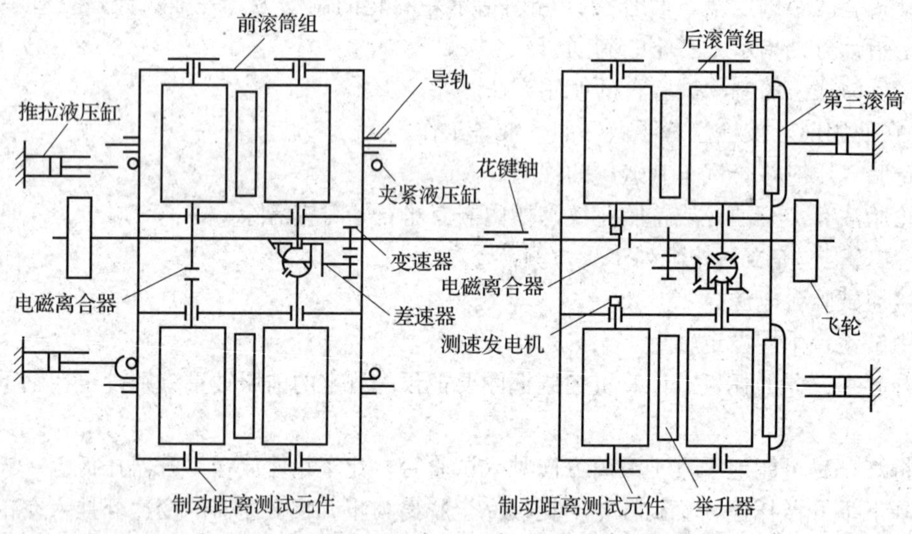

图 5—10 双轴惯性式制动试验台的结构

车轮制动后滚筒旋转的圈数，由装在滚筒轴端的遮光圆板及装在滚筒架板上的光源和电传感器发出信号，用计数器来记录。制动距离测量原理框图如图 5—11 所示。

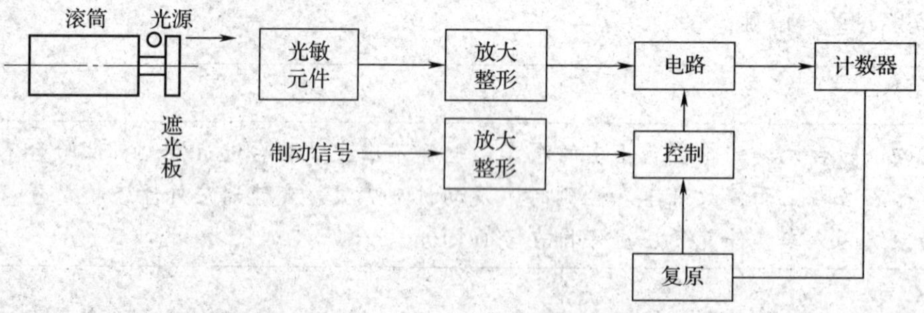

图 5—11 制动距离测量原理框图

这种试验台也可测量制动减速度（或制动力）的大小。测量时利用滚筒两边的测速发电机作传感器，通过电子线路在加速表中分别示出两轮的减速度大小和制动时间的先后。

为了保证左右车轮在制动前转速相等，在左右滚筒之间用电磁离合器连接，在制动信号开始发出时分离，保证左右车轮在制动前转速相等。前后滚筒之间装有举升器，便于汽车进行试验时进出方便。

惯性式制动试验台，由于采用高速模拟试验，比较接近道路行驶条件，因而试验方法更为先进，并发展成可进行加速、滑行、测功等多项试验的多功能台架。但是，由于试验台旋转部分要具有被检车辆各轴的转动惯量，因此有设备复杂、电动机功率大等缺点。

三、制动性能道路检测方法和设备

根据国家标准 GB 7258—2017《机动车运行安全技术条件》的规定，机动车可以用制动距离、制动减速度和制动力检测制动性能，只要其中之一符合要求，即判为合格。当用制动距离检测制动性能时，须采用五轮仪进行。

1. 五轮仪的结构与工作原理

在道路试验中检测汽车整车性能时，经常要使用五轮仪，它可以测出车辆行驶的距离、时间和速度。当五轮仪用于检测汽车制动性能时，能测出制动初速度、制动距离和制动时间。

五轮仪主要有机械式、电子式和计算机式三种。五轮仪一般由传感器部分和记录仪两部分组成，并附带一个脚踏开关。传感器部分与记录仪部分由导线相连接。脚踏开关带有触点的一端套在制动踏板上，另一端插接在记录仪上。

2. 五轮仪的使用方法

(1) 如果五轮仪自备电源，使用前应按使用说明书的要求，充电至规定电压。

(2) 汽车应运行至正常热状态。

(3) 将传感器部分固定在汽车侧面或尾部的车身上，以不影响五轮仪的轮子左右摆动为准，并用打气筒对轮子充气至适当程度。

(4) 将记录仪放置在驾驶室内或车厢内，正面朝上，水平放置，其前端要对准汽车前进方向，并紧靠固定部位，以防制动时撞击。

(5) 用信号线把充气车轮上的传感器与记录仪连接起来。脚踏开关一端通过导线插接在记录仪上，另一端套在制动踏板上。用汽车蓄电池作电源的五轮仪，还应把电源线一端插接在记录仪上，另一端夹持在蓄电池正、负极上。

(6) 打开记录仪电源开关，按使用说明书的要求进行检查与自校。如要求预热，应预热至规定时间。

(7) 计算机控制的五轮仪，使用前应首先进入初始化程序。一般地说，该种类型的五轮仪在电源开关打开后可自动进入初始化程序或通过键入的方法进入初始化程序。

(8) 凡要求置入五轮修正系数的五轮仪，均应按照使用说明书上的方法置入。如 WLY-5 型计算机控制式五轮仪，只要把传感器部分的充气车轮转 10 圈的距离（在路面上的实测值），键入记录仪即可。

(9) 检测制动距离前，需将与制动有关的旋钮、开关或键打到规定位置，并预选（按下对应的键或键入选择的值）制动初速度。

(10) 检测制动距离时，按有关国家标准的规定，应在符合要求的道路条件和气候条件下，汽车空载或满载加速行驶，驾驶员根据记录仪上指示的瞬时车速或声音的提示，至预选初速度时，用力踩下制动踏板直至汽车停止。制动时的踏板力（可安装踏板力计）或制动气压应符合规定要求。

（11）读取并打印检测结果。可读取并打印测得的制动初速度、制动距离、制动系反应时间和制动全过程时间等检测结果。有的五轮仪还能读取制动减速度或打印速度—时间曲线和减速度—时间曲线等。以上检测结果是实际试验结果。实际试验结果中的制动初速度不一定正好等于预选制动初速度，可能大于或小于预选制动初速度。有些计算机式五轮仪可以将实际试验结果修正到预选制动初速度下的试验结果，以便直接与诊断参数标准对照。

（12）按记录仪“重试”或“复位”键，使仪器复原，可重新进行制动试验。计算机式五轮仪在打印结束后一般能自动回到初始化程序。

（13）检测制动性能应在同一路段正反两个方向上进行，测得的制动距离及其他参数取平均值。汽车倒车时，应将传感器部分的充气车轮转向 180°或提离地面。

（14）路试结束后，关闭记录仪电源，拆卸电源线、信号线和脚踏开关，并从车身上拆下传感器部分。

用五轮仪检测汽车制动性能，可以测得在规定制动初速度下，从开始踩到制动踏板起到车辆完全停住止，所走过的制动距离和制动时间，比仅仅由在路面上测量车轮拖、压印长度决定制动性能的原始方法前进了一大步。

3. 制动减速度检测

制动减速度也是评价制动性能的重要参数之一。制动减速度按测试、取值和计算方法的不同，可分为制动稳定减速度、平均减速度和充分发出的平均减速度三种。

制动减速度仪也称为制动仪，以检测制动稳定减速度和制动时间为主，用于整车道路试验。该种仪器小巧轻便，便于携带，不用五轮作传感器，并且对制动初速度和路面不平度要求也不高，因而使用较为方便。

（1）制动减速度仪的结构与工作原理。国产制动减速度仪已多为计算机式智能化仪器，主要由仪器部分和传感器部分两部分组成，并附带一个脚踏开关。仪器部分和传感器部分既可以制成整体式，装在一个壳体内；也可以制成分体式，两者用导线相连接。国产 QTZ 型计算机减速度仪为整体式，主要由电源、A/D 转换器、8080A 单板机、LED 显示器和滑块式传感器等组成，汽车制动时，由于惯性作用，滑块式传感器产生随制动减速度变化的电压信号，A/D 转换器将这一模拟信号转变成计算机能接受的数字信号后，输入到 8080A 单板机中进行存储及数据处理，测量结果由 LED 显示器显示。

（2）制动减速度仪的使用方法

1）如果制动减速度仪自备电源，使用前应按仪器使用说明书的要求充电至规定电压。

2）汽车应运行至正常热状态。

3）将制动减速度仪或分体式的传感器部分放置在驾驶室或车厢地板上，正面朝上，调整支腿使其保持水平状态，其前端对准汽车前进方向，并紧靠固定部位，严禁放置在软性座椅上。

4）脚踏开关一端通过导线插接在制动减速度仪上或分体式的传感器上，另一端套在制动踏板上。分体式制动减速度仪还应当用信号线把传感器部分与仪器部分连接起来。

5）打开制动减速度仪电源开关，按仪器使用说明书的要求检查与自校。如要求预热应预热至规定时间。

6）如需车型选择，应按被检车的座位数或吨位数按下相应选择键。

7）检测制动减速度前应预选（按下对应的键或键入选择的值）制动初速度。

8）制动减速度检测，应在符合要求的道路条件和气候条件下，汽车空载或满载加速行驶，至预选制动初速度时用力踩下制动踏板直至车辆停止。制动时的踏板力（可安装踏板力计）或制动气压应符合规定要求。

9）读取并打印检测结果。制动过程结束后可读取并打印制动减速度、制动距离、制动系反应时间、制动全过程时间和制动系协调时间等检测结果。

10）按下“复位”键，显示器清零，制动减速度仪进入下一次测量的初始状态。

11）制动性能检测应在同一路段正反两个方向上进行，制动减速度及其他参数取平均值。

12）检测结束后，关闭制动减速度仪电源，拆卸脚踏开关等。

四、电子控制防滑系统的检测

汽车电子控制防滑系统是电子控制制动防抱死系统（ABS）和驱动防滑转系统（TCS，或称 TRC、ASR 等）的统称。ABS 和 TCS 都是通过控制车轮的滑动率来改善汽车行驶状况的。其中 ABS 是在汽车制动过程中，通过控制车轮的滑动率，防止车轮抱死滑移，来提高汽车的制动效能及制动时的方向稳定性；而 TCS 是在汽车行驶过程中，通过控制驱动车轮的滑动率，防止驱动轮滑转，来提高汽车的动力性及行驶时的方向稳定性。此外，通过转向角度传感器和制动开关检测转向角度以及制动操作量，并通过偏转率/侧向加速度（G）传感器、车辆速度传感器等，确定车辆驾驶状态（转向不足或转向过度），进而通过控制四个车轮的制动和发动机动力的输出，以提高车辆稳定性。可见，电子控制防滑系统对汽车的行车安全、汽车的动力性，以及汽车的转向操作特性都具有直接的影响，因而对现代汽车来说，电子控制滑转系统也是检测的重点内容之一。检测基本方法如下：

1. 初步检查

初步检查是在 ABS 和 TCS 出现明显故障，或感觉系统工作不正常时首先采用的检测方法。初步检查的主要内容是直观检查和试车检查。其中直观检查就是检查容易触及的与故障状况有关的部件，以保证电子控制防滑系统有正常的工作条件；而试车检查就是在直观检查的基础上，根据汽车制动或驱动的行驶工况，进一步检测防滑系统，以确认故障症状。通过初步检查，常常可以发现故障的原因，从而可提高故障诊断的效率。

2. 利用万用表进行测试

万用表是最基本的检测仪器，在没有专用诊断仪时，可直接用高阻抗的万用表对防滑系统的 ECU 线束端子进行测试，并将测得的 ECU 端子参数及传感器、执行器的电阻参数与相应的维修手册上提供的标准参数进行比较，从而确诊故障。这种方法速度较慢，而且要求测试人员对 ECU 各端子的位置及功能都比较熟悉。为了提高测试效率，现在不少维修站采用专用的故障检测盒与万用表配套测量。使用时，拔开 ECU 插接器，将故障检测盒分别与 ECU 插接器插座（ECU 侧）和插接器线束侧插头相连。这样故障检测盒的检测插孔就与 ECU 各个端子相连接，其插孔号与 ECU 端子号一一对应，通过万用表对故障检测盒相应插孔的检测，就可得到 ECU 端子及其连接部件的电路参数，无须直接测量有关端子，使检测变得方便、快捷。

五、车轮制动力的检测步骤

1. 试验台的准备

（1）检查试验台滚筒上有无泥、水、油等杂物，如有则应清除干净。

（2）使滚筒在无负荷状态下运转，检查并调整仪表指针零位。

（3）检查举升器动作是否灵活，如动作阻滞或有漏气部位应进行检修。举升器是否在升起位置，否则应使举升器升起到位。

（4）检查各指示灯工作是否正常。

（5）检查各种导线有无因损伤造成接触不良的现象。

2. 被检测车辆的准备

（1）核实汽车各轴轴荷，确保被测汽车车轴轴荷在试验台允许载荷范围内。

（2）检查轮胎是否沾有泥、水、油污等杂物，要特别注意检查轮胎花纹内或后轴双轮胎间嵌入的小石子与石块，如有应清除干净。

（3）检查轮胎气压，使其符合出厂规定值。

3. 测试车轮制动力

（1）接通试验台总电源，按说明书要求预热至规定时间。

（2）汽车从其纵向中心线与滚筒轴线垂直的方向驶入试验台。先前轴，再后轴，使车轮处于两滚筒之间的举升平板上。

（3）汽车停稳后，变速器置于空挡位置，行车制动、驻车制动处于放松状态，能测制动协调时间的试验台还应将脚踏开关套装在制动踏板上。

（4）降下举升平板，至轮胎与举升平板完全脱离为止。

（5）起动电动机，使滚筒带动车轮旋转，待转速稳定后，从仪表上读取车轮阻滞力数值。

（6）踩下制动踏板，试验台在 1.5～3.0 s 后（或第三滚筒发出车轮即将抱死的信号后）滚筒自动停转。从指示仪表上读取最大制动力值。

（7）升起举升平板，驶出已测车辆，按上述相同方法继续进行其他车轮的检测。

（8）前、后轮的制动力检测完后，拉紧驻车制动拉杆，从指示仪表上读取最大制动力值。

（9）所有车轴的行车制动及驻车制动性能检测完毕后，升起举升平板，将汽车驶出试验台，切断试验台总电源。

六、制动性能道路试验步骤

1. 测试条件

测试路面应为平坦（坡度不超过 1%）、干燥和清洁的水泥或沥青路面。轮胎与路面之间的附着系数不小于 0.7，风速不大于 5 m/s。在试验路面上应画出标准中规定的制动稳定性要求相应宽度试车道的边线。

2. 测试制动性能

(1) 被测车辆沿着试验车道的中线行驶至高于规定的初速度后，变速器置于空挡。汽车以预定的稳定车速（30 km/h 或 50 km/h）行驶进入选定的路段。当稳定后发出信号，通知驾驶员紧急制动，直到汽车完全停止后，把五轮仪记录装置置于暂停位置并记录各参数。

(2) 使汽车朝相反方向稳定行驶，重复上述试验。

七、制动防抱死系统性能试验步骤

1. 试验的准备

(1) 检查驻车制动是否完全释放。

(2) 检查制动储液罐液面是否符合规定。

(3) 检查所有的制动管路有无损坏变形和泄漏迹象。

(4) 检查 ABS 系统的所有熔丝是否完好，导线是否破损。插座是否牢固。

(5) 检查蓄电池容量和电压是否符合规定量、正负极导线的连接是否可靠。

(6) 检查 ABS ECU 插接器连接是否牢靠。

(7) 检查电路连接处是否有腐蚀、损坏、松脱或接触不良现象，ABS 系统的各接地线接地是否可靠。

(8) 检查轮胎磨损是否严重。

(9) 检查车轮转动有无阻滞，轮毂轴承间隙是否正常。

上述检查正常或经调整正常后进入试车检查。

2. 试车

通过路试检查，评价汽车的制动性能及 ABS 的工作情况，并确认故障症状。试车检查的方法是先以 30 km/h 左右的车速减速制动使其停车。然后以 40 km/h 左右的车速紧急制动，观察制动过程中发生的现象。

(1) 根据故障指示灯判断故障。正常情况下，在点火开关置于 ON 位置时，ABS 故障指示灯应闪亮 4 s 左右（因车型而异）再熄灭，而制动指示灯不亮；当点火开关置于 ON 位置而起动发动机时，两个灯均应亮，而起动完毕，制动指示灯应立即熄灭，而 ABS 故障指示灯应点亮 4 s 左右。在试车期间及停车过程中，两个灯均应保持熄灭。若任一指示灯亮，则应注意引起指示灯变亮的条件。若 ABS 故障指示灯点亮，则表明 ABS 有故障；若制动指示灯变亮，则表明常规制动系统存在故障，如液位过低等。

(2) 根据制动的轮胎印迹判断故障。试车紧急制动时，若在路面上留下拖印痕迹，则说明 ABS 系统存在车轮抱死故障。

根据制动时汽车的方向稳定性判断。试车时制动，汽车应直线行驶。如试车时紧急制动，有跑偏甚至侧滑现象，说明 ABS 系统存在故障；如试车时减速制动，有跑偏现象，多为常规制动系统故障。

(3) 根据制动踏板的感觉判断故障。发动机起动后，踩下制动踏板，制动踏板有反弹现象，说明 ABS 在工作，其踏板反弹是因 ABS 泵运转时储液罐内制动液被压抽到制动主缸引起的。试车时，当踩下制动踏板后，感到有轻微的振动现象，表明 ABS 在工作，其踏板振动是因 ABS 工作时，制动系统轮缸的油压经历减压—保压—增压的循环过程引起的。当试车时，踩下制动踏板，若感觉不到制动踏板的连续振动，说明 ABS 发生了故障。

第六章　照明与车速表检测

学习目标

1. 熟悉并掌握汽车电气设备检测的内容和方法。
2. 熟练使用汽车电气设备检测仪器和设备。
3. 掌握汽车电气设备的评价指标和检测方法。

第一节　前照灯检测

前照灯是汽车在夜间或能见度较低的条件下，为驾驶员提供行车道路照明的重要设备，也是向驾驶员发出警示、进行联络的灯光信号装置。所以前照灯必须有足够的发光强度和正确的照射方向。但是，在行车过程中，汽车受到振动，可能引起前照灯部件的安装位置发生变动，从而改变光束的正确照射方向，同时灯泡在使用过程中会逐步老化，反射镜也会受到污染而使聚光性能变差，导致前照灯的照射亮度不足。这些变化都会导致驾驶员对前方道路情况辨认不清，或在与对面来车交会时造成对方驾驶员炫目等情况，从而导致交通事故的发生。因此，前照灯的发光强度和照射方向是影响夜间行车安全的关键因素，必须定期检测。

一、前照灯光束照射位置检测标准

根据 GB 7258—2017《机动车运行安全技术条件》的规定，汽车前照灯的检测指标为光束照射位置的偏移值和发光强度。

1. 前照灯光束照射位置要求

（1）在检测前照灯的近光光束照射位置时，前照灯应距离屏幕 10 m 处，乘用车前照灯近光光束明暗截止线转角或中点的高度应为 0.7～0.9H（H 为前照灯基准中心高度，下同），其他机动车（拖拉机运输机组除外）应为 0.6～0.8H。机动车（装用一只前照灯的机动车除外）前照灯近光光束水平方向位置向左不得超过 170 mm，向右不得超过 350 mm。近光检测点照射区域如图 6—1 所示。

（2）轮式拖拉机运输机组装用的前照灯近光光束的照射位置，按照上述方法检测时，要求在屏幕上光束中点的离地高度不允许大于 0.7H；水平位置，向右偏移不允许超过 350 mm，不允许向左偏移。

（3）在检测前照灯远光光束及远光单光束灯照射位置时，前照灯照射在距离 10 m 的屏幕上，要求在屏幕光束中心离地高度，对乘用车为 0.9～1.0H，对其他机动车为 0.85～0.95H；机动车（装用一只前照灯的机动车除外）前照灯远光光束水平位置要求，左灯向左偏移不允许超过 170 mm，向右偏移不得超过 350 mm，右灯向左、向右偏移均不允许超过350 mm。远光检测点照射区域如图 6—2 所示。

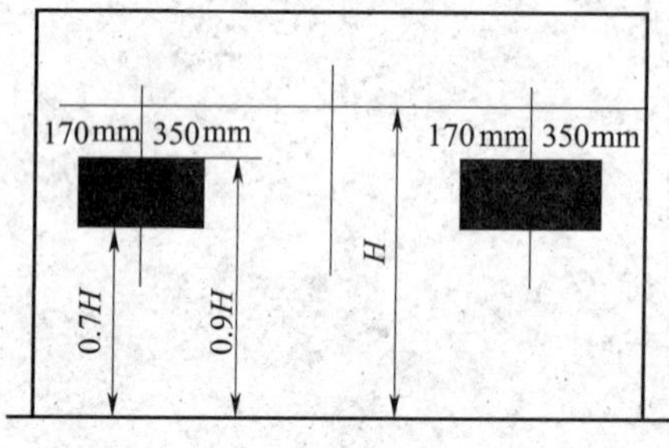

图 6—1　近光检测点照射区域

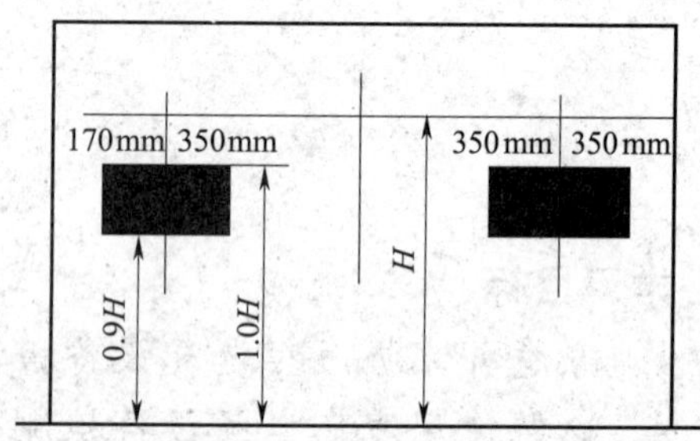

图 6—2　近光检测点照射区域

前照灯光束照射位置检测及前照灯远光光束发光强度测量应使用具备远近光光束照射位置检测功能的前照灯检测仪。

2. 检测前仪器及车辆准备

检测前，仪器及车辆准备如下：

（1）检测仪受光面应清洁。

（2）对手动式前照灯检测仪应检查其电池电压是否在规定范围内。

（3）轨道内应无杂物，使仪器移动轻便。

（4）前照灯应清洁。

3. 检测方法

（1）自动式前照灯检测仪检验。采用自动式前照灯检测仪检测时，按以下步骤进行。

1）车辆沿引导线居中行驶至规定的检测距离处停止，车辆的纵向轴线应与引导线平行，如不平行，车辆应重新停放，或采用车辆摆正装置进行拨正。

2）变速器置于空挡，车辆电源处于充电状态，开启前照灯远光灯。

3）给自动式前照灯检测仪发出启动测量的指令，仪器自动搜寻被检前照灯，并测量其远光发光强度及远光照射位置偏移值。

注意

前照灯远光照射位置偏移值检测仪对远光光束能单独调整的前照灯进行；远光光束能单独调整的前照灯是指手工或通过使用专用工具，能够在不影响近光光束照射角度的情况下，调整远光光束照射角度的前照灯。通常情况下远、近光束一体的前照灯其远光光束照射角度不能单独进行调整。

4）被检前照灯转换为近光光束，自动式前照灯检测仪自动检测其近光光束明暗截止线转角（或中点）的照射位置偏移值。

5）按上述步骤 3、4 完成车辆所有前照灯的检测。

6）在对并列的前照灯（四灯制前照灯）进行检测时，应将与受检灯相邻的灯遮蔽。

7）采用气体放电光源前照灯时，测试前应预热。

（2）屏幕法检测照射位置

1）检测的准备。GB 7258—2017《机动车运行安全技术条件》规定，用屏幕法检测前照灯光束照射位置时，要求所用场地应平整，屏幕与场地应平直，被检验的车辆应在空载、轮胎气压正常、乘坐 1 名驾驶员的条件下进行。将车辆停置于屏幕前，并与屏幕垂直，使前照灯基准中心距屏幕 10 m，在屏幕上确定与前照灯基准中心离地面距离 H 等高的水平基准线，及以车辆纵向中心平面在屏幕上的投影线为基准确定的左右前照灯基准中心位置线。分别测量左右远近光束的水平或垂直照射方位的偏移值，如图 6—3 所示。

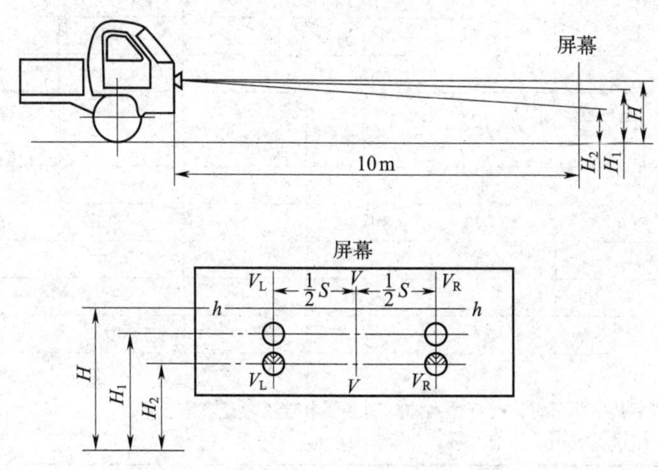

图 6—3　屏幕法检测前照灯光束照射位置

屏幕上画有三条垂直线和三条水平线：

中间垂直线 V—V 与被检车辆的纵向中心垂直面对齐。

两侧的垂直线 V_L—V_L 和 V_R—V_R 分别为被检车辆左右前照灯基准中心的垂直线。

水平线中的“—”线与被检车辆前照灯的基准中心等高，距地面高度为 H；被检车辆前照灯基准中心距地面的高度值视被检车型而定。

中间水平线与被检车辆前照灯远光光束的中心等高，距地面高度为 H_1，$H_1=1.0H$（乘用车）。

下侧水平线与被检车辆前照灯近光光束的中心等高，距地面高度为 H_2，$H_2=0.9H$（乘用车）。

2）检测方法。检测时，先遮盖住一边的前照灯，然后打开前照灯的近光开关。未被遮盖的前照灯近光明暗截止线转角或光束中心，应落在图 6—3 中下边水平线与 V_L—V_L 或 V_R—V_R 线的交点位置上，否则为光束照射位置偏斜。其偏斜方向和偏斜量可在屏幕上直接测量。用同样的方法，检测另一边前照灯近光光束照射位置。

根据检测标准，检测调整前照灯光束的照射位置时，对远、近双光束灯应以检测调整近光光束为主。对于远光单光束前照灯，则要检测远光光束的照射位置。其光束中心应落在中间水平线与 $V_L—V_L$ 或 $V_R—V_R$ 线的交点位置上。

用屏幕法检测前照灯简单易行，但只能检测出光束的照射位置，不能检测发光强度。为适应不同车型的检测，需经常更换屏幕，检测效率低，同时需要占用较大的场地。因此目前广泛采用前照灯校正仪对汽车前照灯进行检测。

二、前照灯发光强度检验标准

GB 7258—2017《机动车运行安全技术条件》规定，机动车每只前照灯的远光光束发光强度应达到表 6—1 的要求。测试时，其电源系统应处于充电状态。

表 6—1　　前照灯远光光束发光强度要求　　单位：cd

机动车类型		新注册车			在用车		
		一灯制	两灯制	四灯制①	一灯制	两灯制	四灯制①
三轮汽车		8 000	6 000	—	16 000	5 000	—
最高车速设计小于 70 km/h 的汽车		—	10 000	8 000	—	8 000	6 000
其他汽车		—	18 000	15 000	—	15 000	12 000
摩托车		10 000	8 000	—	8 000	6 000	—
轻便摩托车		4 000	—	—	3 000	—	—
拖拉机运输机组	标定功率＞15 kW	—	8 000	—	—	6 000	—
	标定功率＜15 kW	6 000②	6 000	—	5 000②	5 000	—

备注：
① 采用四灯制的机动车其中两只对称的灯达到两灯制的要求时视为合格。
② 允许手扶拖拉机运输机组装用一只前照灯。

三、前照灯校正仪检测原理及方法

前照灯检测仪是采用具有把光能转变为电能的光电池，按照前照灯主光束照射光电池产生电流的强弱及比例来测量前照灯的发光强度和光轴偏斜量。

1. 发光强度的检测原理

图 6—4 所示的发光强度检测电路由光电池、光度计和可变电阻组成，当前照灯在规定距离照射光电池时，光电池立刻产生电流，电流的大小与光的强弱成正比。改变电路中可变电阻的大小，可以使光度计的指针回零。

2. 光轴偏斜量的检测原理

测量前照灯光轴偏斜量的电路如图 6—5 所示，由两对光电池组成，左右一对光电池上接有左右偏斜指示计，用于检测光束中心的左右偏斜量；上下一对光电池上接有上下偏斜指示计，用于检测光束中心的上下偏斜量。当光电池受到前照灯光束照射时，如果光束照射方向偏斜，将分别使光电池的受光面不一致，因而产生的电流大小也不一致。光电池产生的电流差值分别使上下偏斜指示计及左右偏斜指示计的指针摆动，从而检测出光轴的偏斜方向和偏斜量。

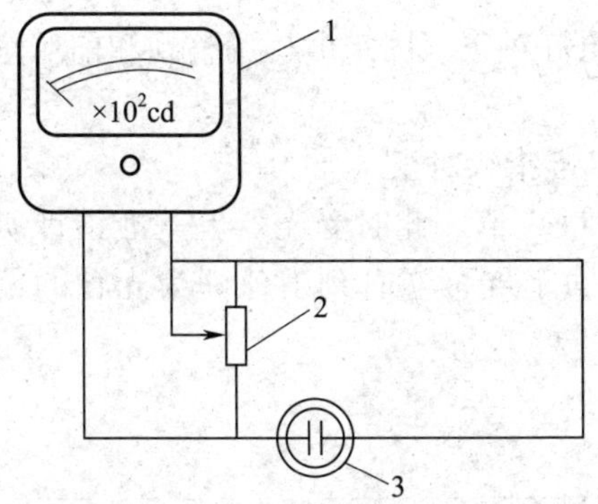

图 6—4　发光强度检测原理
1—光度计　2—可变电阻　3—光电池

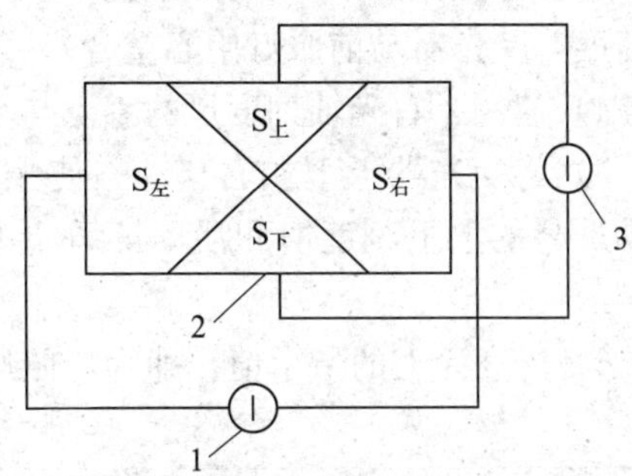

图 6—5　光轴偏斜量检测原理
1—左右偏斜指示计　2—光电池
3—上下偏斜指示计

3. 前照灯检测仪的工作原理

屏幕式前照灯检测仪的检测距离为 3 m，通过仪器上的找准器摆正车辆。活动屏幕上装有能上下移动的受光器，它相对于固定屏幕可左右移动。通过移动屏幕和受光器到适当位置，在该位置上光度计读数即为前照灯的发光强度。同时，从装在屏幕两个光轴刻度计上可读出光轴的偏斜量。

4. 汽车前照灯的检测方法

汽车前照灯的检测方法因仪器型号、厂家有所不同，应根据使用说明书进行操作。这里仅介绍一般的检测方法。

（1）检测前的准备

检测前的准备步骤如下。

1）检测仪的准备

①在前照灯检测仪不受光的情况下，调整前照灯检测仪光度计和光轴偏斜指示计指针的机械零点。

②检查聚光透镜和反射镜的镜面上有无污物。若有，用柔软的布或镜头纸擦拭干净。

③检查水准器的技术状况。若水准器无气泡，应进行修理；气泡不在红线框内时，可用水准器调节器或垫片进行调整。

④检查导轨是否沾有泥土等杂物。若有，应清除干净。

2）被测车辆的准备

①清除前照灯上的污垢。

②轮胎气压应符合汽车制造厂的规定。

③汽车蓄电池应处于充足电状态。

（2）检测方法

1）被测车辆驶近检测仪，距检测仪 3 m，方向垂直于检测仪导轨。

2）用车辆找准器使检测仪与汽车对正。

3）打开前照灯，用前照灯找准器使检测仪与前照灯对正（固定屏幕调整到和前照灯同样高度，受光器与前照灯中心重合）。

4）使左、右光轴刻度尺的零点与活动屏幕上的基准指针对正。

5）将受光器上下左右移动，使光度计指示达到最大值，此时受光器上基准指针所指活动屏幕的上下刻度值和活动屏幕上基准指针所指固定屏幕左右刻度值即为光轴的偏斜量。

6）光度计上的指示值，即为前照灯发光强度值。

第二节　车速表检测

汽车行驶速度对交通安全有很大的影响，尤其在限速路段，驾驶员必须按照车速表的指示值，准确地控制车速，为此，要求车速表本身一定要准确可靠。车速表经长期使用，由于驱动其工作的传动齿轮、软轴及车速表本身技术状况的变化，以及因轮胎磨损使驱动车轮滚动半径的变化，车速表指示误差会越来越大。如果车速表的指示误差过大，驾驶员就难以正确控制车速，且极易因判断失误而造成交通事故。为确保车速表的指示精度，必须适时对车速表进行检测、校正。

一、车速表试验台的结构与测量原理

1. 车速表试验台的结构

车速表试验台有三种类型：无驱动装置的标准型，依靠被测车轮带动滚筒旋转；有驱动装置的驱动型，由电动机驱动滚筒旋转；把车速表试验台与制动试验台或底盘测功试验台组合在一起的综合型。目前多用标准型的滚筒式车速表试验台。

（1）标准型车速表试验台。标准型车速表试验台主要由速度测量装置、速度指示装置和速度报警装置等组成，如图 6—6 所示。

1）速度测量装置。速度测量装置主要由滚筒、速度传感器、举升器、框架等组成。滚筒一般为 4 个，直径为 185 mm 或更大，通过滚筒轴承安装在框架上。试验时，为防止汽车驱动轴差速器行星齿轮自转，试验台的两个前滚筒用联轴器连在一起。

速度传感器有测速发电机式、差动变压器式、磁电式和光电式等多种形式，它装在滚筒的一端，将对应于滚筒转速所发出的电压信号送到速度指示装置。在前、后滚筒之间设有举升器，以便汽车进出试验台。举升器与滚筒制动装置联动，举升器升起时，滚筒不会转动。

2）速度指示装置。速度指示装置是根据速度传感器发出的电信号大小来工作的。能把以滚筒圆周长与滚筒转速算出的线速度，以 km/h 为单位在速度指示仪表上显示。

3）速度报警装置。一般以报警灯或蜂鸣器作为报警装置，试验中，当汽车的实际车速达到检测车速（40 km/h）时，报警灯亮或蜂鸣器响。提示测试员立即读取驾驶室内车速表的读数，以便与实际车速对照。

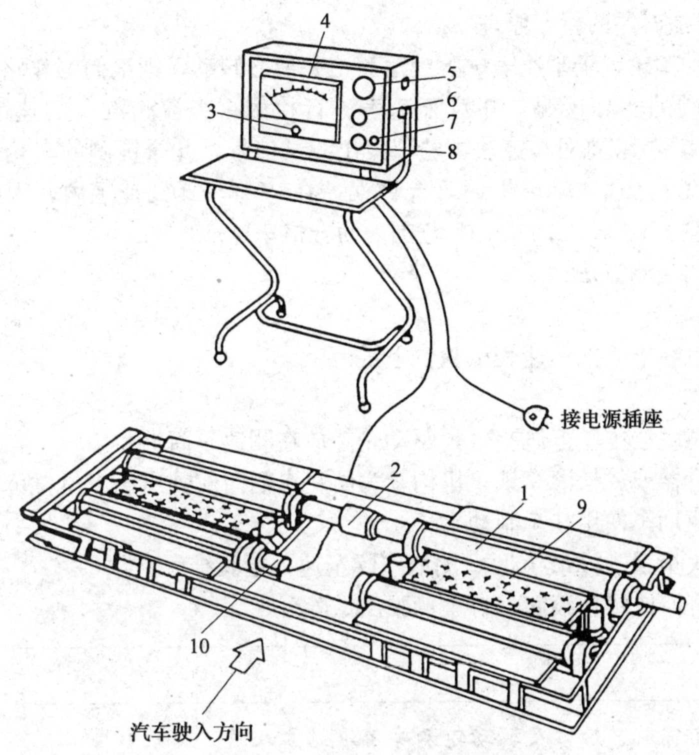

图 6—6　标准型车速表试验台

1—滚筒　2—联轴器　3—零点校正螺钉　4—速度指示仪表　5—蜂鸣器
6—报警灯　7—电源灯　8—电源开关　9—举升器　10—速度传感器

(2) 驱动型车速表试验台。多数汽车的车速表转速信号取自变速器或分动器的输出轴，但对于后置发动机的汽车，由于驱动车速表的软轴过长会出现传动精度和寿命等方面的问题，所以转速信号取自前轮。驱动型车速表试验台就是为了适应后置发动机汽车的试验而制造的，它的结构（见图 6—7）基本上与标准型车速表试验台相同，不同的是在滚筒的一端装有电动机，用于驱动滚筒，再带动汽车从动轮旋转。

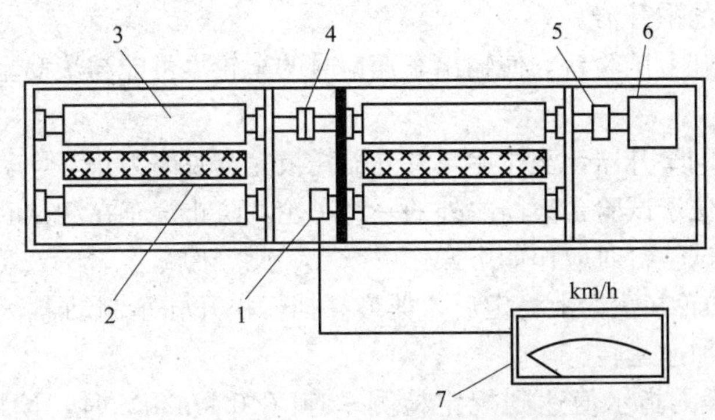

图 6—7　驱动型车速表试验台

1—测速发电机　2—举升器　3—滚筒　4—联轴器　5—离合器　6—电动机　7—速度指示仪表

2. 车速表指示误差的检测原理

将被测汽车的车轮置于车速表试验台滚筒上并使之转动，把滚筒当作路面，以此来模拟汽车在道路上行驶的实际情况，并对车速表进行检测。当被测汽车的速度稳定地控制在40 km/h时，可用遥控装置对车速表试验仪发出测试信号，此时被测的车轮速度即为汽车实际速度。因被检汽车车速 40 km/h 时，允许误差在-5%～20%范围内，因此，车速表试验台速度表指示值在 33.33～42.1 km/h 范围内为合格车速。

二、车速表的检测方法

1. 设备要求

车速表检验宜在滚筒式车速表试验台上进行。

2. 检验程序

（1）将车辆正直居中驶上试验台，驱动轮停放在测速滚筒上。

（2）降下举升器或放松滚筒锁止机构，为防止车辆向前驶出该工位，可在非驱动轮前部加止动块（前轮驱动车使用驻车制动）。

（3）当车速表指示 40 km/h 时，测取实际车速，检验结束。

（4）升起举升器或锁止滚筒，将车辆驶出试验台。

注意

1. 测速时车辆前、后方及驱动轮两旁不准站立人员。

2. 检验结束后，检验员不可采取任何紧急制动措施使滚筒停止转动。

3. 对于不能在车速表试验台上检验的车辆，只需在底盘动态检验时定性判断其车速表工作是否正常即可。

3. 车速表试验台使用方法

车速表的检测方法因试验台的牌号、型式而异，应根据使用说明书进行操作。车速表试验台通用使用方法如下：

（1）接通试验台电源。

（2）升起滚筒间的举升器。

（3）将被检车辆开上试验台，使输出车速信号的车轮尽可能与滚筒呈垂直状态停放在试验台上。

（4）降下滚筒间的举升器，至轮胎与举升器托板完全脱离为止。

（5）用挡块挡住位于试验台滚筒之外的一对车轮，防止汽车在测试时滑出试验台。

（6）使用标准型试验台时应作如下操作：

1）待汽车的驱动轮在滚筒上稳定后，挂最高挡，松开驻车制动器，踩下加速踏板使驱动轮带动滚筒平稳地加速运转。

2）当汽车车速表的指示值达到规定检测车速（40 km/h）时，读出试验台速度指示仪表的指示值；或当试验台速度指示仪表的指示值达到检测车速时，读取车速表的指示值。

(7) 使用驱动型试验台时应作如下操作：

1) 接合试验台离合器，使滚筒与电动机连接在一起。

2) 将汽车的变速器挂空挡，松开驻车制动器，起动电动机，使电动机驱动滚筒旋转。

3) 当汽车车速表的指示值达到检测车速时，读取试验台速度指示仪表的指示值；或当试验台速度指示仪表达到检测车速时，读取汽车车速表的指示值。

车速表测试操作方法如图 6—8 所示。

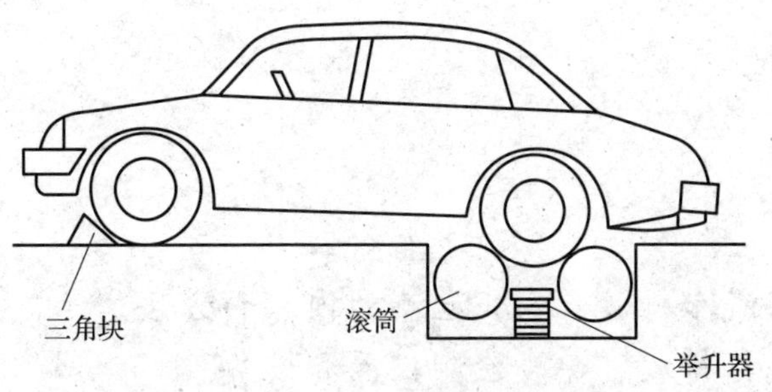

图 6—8　车速表测试操作方法

(8) 测试结束后，轻轻踩下汽车制动踏板，使滚筒停止转动。对于驱动型试验台，必须先关断电动机电源，再踩制动踏板。

(9) 升起举升器，去掉挡块，汽车驶离试验台。

三、车速表检测标准

国家标准 GB 7258—2017《机动车运行安全技术条件》中有如下规定：

(1) 车速表指示误差的检测宜在滚筒式车速表试验台上进行。对无法在车速表试验台上进行检验的机动车（如全时四驱汽车、具有驱动防滑控制装置的汽车等）可路试检验车速表误差。

(2) 车速表指示误差（最大设计车速不大于 40 km/h 的机动车除外），即车速表指示车速 V_1（单位：km/h）与实际车速 V_2（单位：km/h）之差，应符合下列关系式：$0 \leqslant V_1 - V_2 \leqslant (V_2/10) + 4$。

第七章　汽车排放和噪声检测

学习目标

1. 熟悉并掌握汽车排放、噪声检测的内容和方法。
2. 熟练使用汽车排放、噪声检测仪器和设备。
3. 掌握汽车排放、噪声的评价指标。
4. 掌握汽车排放、噪声的检测方法。

第一节　汽车排放污染物检测

随着汽车工业的发展和汽车保有量急剧增加，汽车排放的污染物是一致公认的城市大气主要污染公害之一，已成为严重的社会问题。因此，检测并控制汽车排放污染物的浓度，已成为汽车检测中重要的检测项目。

汽车排放污染物的成分主要有：

（1）从排气管排出的废气，主要成分是 CO、HC、NO_x，以及铅化物、微粒物（由炭烟、铅氧化物等重金属氧化物和烟灰等组成）和硫化物等。

（2）曲轴箱窜气，其主要成分是 HC，还有少量的 CO、NO_x等。

（3）从油箱、油管接头等处蒸发的汽油蒸气，成分是 HC。

在相同工况下，汽油机排放的 CO、HC 和 NO_x 排放量比柴油机大，因此，目前的排放法规对汽油机主要限制 CO、HC 和 NO_x 的排放量。柴油机对大气的污染较汽油机轻得多，主要是产生炭烟污染，因此排放法规主要限制柴油机排气的烟度。

汽车排放的两种污染物 HC 和 NO_x中，HC 的排放量约为 NO_x的 2 倍，这个比例极易产生光化学的物质，只要光照及气象条件适宜就会产生二次污染物，形成光化学烟雾。

汽车污染物对人体的影响见表 7—1。

一、汽油车排气污染物检验标准

为控制在用汽车排气污染物的排放，改善环境空气质量，国家质量监督检验检疫总局于 2005 年 5 月 30 日发布、2005 年 7 月 1 日实施 GB 18285—2005《点燃式发动机汽车排气污染物排放限值及测量方法（双怠速法及简易工况法）》。

表 7—1　　汽车污染物对人体的影响

污染物	影响
一氧化碳（CO）	CO是一种无色、无刺激的气体，很容易和血红蛋白结合并输送到体内，阻碍血红素带氧，造成体内缺氧而引起窒息
碳氢化合物（HC）	单独的HC只有在浓度相当高的情况下才会对人体产生影响，一般情况下作用不大，但它却是产生光化学烟雾的重要成分
氮氧化合物（NO_x）	高浓度的NO_x能引起神经中枢的障碍，并且容易氧化成剧毒的NO_2，NO_2有特殊的刺激性臭味，严重时会引起肺气肿
光化学物质（O_3）	O_3对人的眼、鼻和咽喉黏膜有较强的刺激作用，能引起结膜炎、鼻炎、支气管炎等症，并伴随有难闻的臭味，严重时可致癌
颗粒物	直径为0.1～10 μm的多孔性炭粒除了会被人体吸入肺部沉淀下来外，还往往黏附有SO_2及致癌物质，严重危害人体健康

（1）装配点燃式发动机的车辆双怠速试验排气污染物限值见表 7—2。从表中可以看出，高怠速排放测量值应低于怠速排放测量值。

表 7—2　　装配点燃式发动机的车辆双怠速试验排气污染物限值

车辆类型	怠速		高怠速	
	CO（%）	HC（10^{-6}）①	CO（%）	HC（10^{-6}）①
1995年7月1日前生产的轻型汽车②	4.5	1 200	3.0	900
1995年7月1日起生产的轻型汽车	4.5	900	3.0	900
2000年7月1日起生产的第一类轻型汽车③	0.8	150	0.3	100
2001年7月1日起生产的第二类轻型汽车④	1.0	200	0.5	150
1995年7月1日前生产的重型汽车⑤	5.0	2 000	3.5	1 200
1995年7月1日起生产的重型汽车	4.5	1 200	3.0	900
2004年9月1日起生产的重型汽车	1.5	250	0.7	200
2005年7月1日起生产的第一类轻型汽车	0.5	100	0.3	100
2005年7月1日起生产的第二类轻型汽车	0.8	150	0.5	150
2005年7月1日起新生产的重型汽车	1.0	200	0.7	200

备注：

① HC容积浓度按正己烷当量。

② 轻型汽车：最大质量不超过3 500 kg的M_1类、M_2类和N_1类车辆。

M_1类车指至少有四个车轮，或有三个车轮且厂定最大总质量超过1 000 kg，除驾驶员座位外，乘客座位不超过8个的载客车辆。

M_2类车指至少有四个车轮，或有三个车轮且厂定最大总质量超过1 000 kg，除驾驶员座位外，乘客座位超过8个，且厂定最大总质量不超过5 000 kg的载客车辆。

N_1类车指至少有四个车轮，或有三个车轮且厂定最大总质量超过1 000 kg，且厂定最大总质量不超过3 500 kg的载货车辆。

③ 第一类轻型汽车：设计乘员数不超过6人（包括司机），且最大总质量小于2 500 kg的M_1类车。

④ 第二类轻型汽车：标准适用范围内除第一类车以外的所有轻型汽车。

⑤ 重型汽车：指最大质量超过3 500 kg的车辆。

（2）稳态加速模拟工况法ASM排放限值。ASM 5025和ASM 2540稳态加速模拟工况排放污染物标准限值见表 7—3。

表 7—3　　ASM5025 和 ASM2540 加速模拟工况排放污染物标准限值

车辆类型	基准质量（kg）	最低限值						最高限值					
		ASM5025			ASM2540			ASM5025			ASM2540		
		CO（%）	HC（10^{-6}）	NO（10^{-6}）	CO（%）	HC（10^{-6}）	NO（10^{-6}）	CO（%）	HC（10^{-6}）	NO（10^{-6}）	CO（%）	HC（10^{-6}）	NO（10^{-6}）
2000 年 7 月 1 日以前生产的第一类轻型汽车和 2001 年 10 月 1 日以前生产的第二类轻型汽车	<1 050	2.2	230	4 200	2.9	230	3 900	1.3	120	2 600	1.4	110	2 400
	<1 250	1.8	190	3 400	2.4	190	3 200	1.1	100	2 100	1.2	90	2 000
	<1 470	1.6	170	3 000	2.1	170	2 800	1.0	90	1 900	1.1	80	1 750
	<1 700	1.5	160	2 650	1.9	150	2 500	0.9	80	1 700	1.0	80	1 550
	<1 930	1.2	130	2 200	1.6	130	2 050	0.8	70	1 400	0.8	70	1 300
	<2 150	1.1	120	2 000	1.5	120	1 850	0.7	60	1 300	0.8	60	1 150
	<2 500	1.1	110	1 700	1.3	110	1 600	0.6	60	1 100	0.7	50	1 000
2000 年 7 月 1 日起生产的第一类轻型汽车和 2001 年 10 月 1 日起生产的第二类轻型汽车	<1 050	1.3	230	1 850	1.5	230	1 700	0.6	120	950	0.6	110	850
	<1 250	1.1	190	1 500	1.2	190	1 350	0.5	100	800	0.5	90	700
	<1 470	1.0	170	1 300	1.1	170	1 200	0.5	90	700	0.5	80	650
	<1 700	0.9	160	1 200	1.0	150	1 100	0.4	80	600	0.4	80	550
	<1 930	0.8	130	1 000	0.8	130	900	0.4	70	500	0.4	70	450
	<2 150	0.7	120	900	0.8	120	800	0.3	60	450	0.3	60	450
	<2 500	0.6	110	750	0.7	110	700	0.3	60	400	0.3	50	350

二、汽油车排气污染物的检测

1. 废气检测原理

汽油车排气污染物的检测应采用不分光红外线气体分析仪检测 CO 和 HC。常见的有二气分析仪、四气分析仪、五气分析仪三种。

不分光红外线气体分析仪是利用不同气体具有吸收不同波长红外线的特性，来检测汽车尾气中各种气体的浓度。例如，汽车排放废气中的 CO、HC、NO_x 等气体，看起来（在可见光范围内）好像都是透明的，但在某种波长的红外线照射下就不那么透明了。当红外线穿过这些气体时，它的能量被吸收了一部分，所吸收能量的大小与该气体的浓度有一定关系。

不同的气体对应吸收红外线的波长也不相同，如图 7—1 所示。CO 主要吸收波长为 4.7 μm 附近的红外线，为此可以让红外线通过一定量的汽车尾气，通过对比 4.7 μm 红外线经过尾气前后能量的变化，来测定尾气中 CO 的含量。这就是不分光红外线气体分析方法的基本原理。

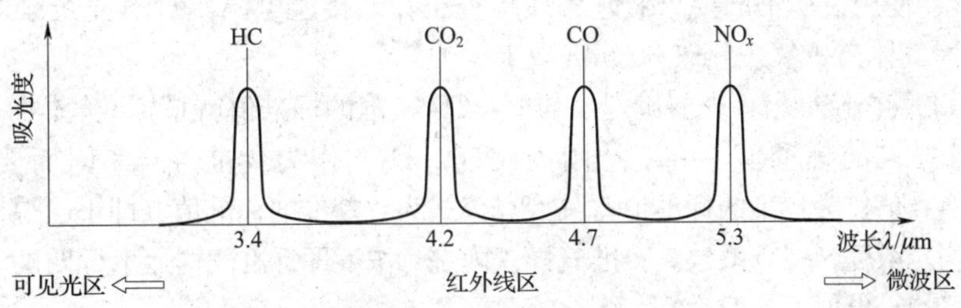

图 7—1　不同气体对红外线的吸收情况

2. 不分光红外线气体分析仪的结构与工作原理

不分光红外线气体分析仪是一种能够从汽车排气管中采集气样，并对其中所含 CO 和 HC 的浓度进行连续测量的仪器，如图 7—2 所示。它由废气取样装置、废气分析装置、废气浓度指示装置和校准装置等组成。

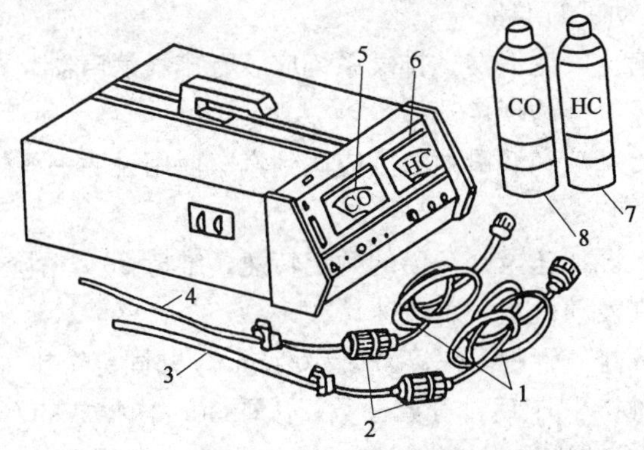

图 7—2　不分光红外线气体分析仪

1—导管　2—滤清器　3—低浓度取样探头　4—高浓度取样探头　5—CO 指示仪表
6—HC 指示仪表　7—标准 HC 气样瓶　8—标准 CO 气样瓶

（1）废气取样装置。废气取样装置用于获取被测发动机的排气气样。它将取样头插入排气管消声器内部，通过吸气泵产生真空度，将高温废气经滤清器和水分离器滤掉废气中的灰分和少量的水后吸入仪器。

（2）废气分析装置。废气分析装置按照不分光红外线分析法，从来自取样装置的混有多种成分的废气中测量出 CO 和 HC 的浓度，并以电信号形式输送给废气浓度指示装置。

（3）浓度指示装置。浓度指示装置按照废气分析装置送来的电信号进行浓度指示。有的仪器利用数字显示或用打印设备将测量结果直接打印出来。

（4）校准装置仪器。校准可分为简易校准和气样校准。具体操作以该仪器的使用说明书为准。

3. 检测方法

（1）仪器准备

1）按仪器使用说明书的要求做好各项检查工作。接通电源，对不分光红外线气体分析仪（以下简称气体分析仪）预热 30 min 以上。

2）用标准气样校准。首先要确定校准值：CO 校准的标准值就是标准气样瓶上标明的 CO 浓度值；HC 校准的标准值，由于是用丙烷（C_3H_8）作为标准气样，因而要求出正己烷（C_6H_{14}）的换算值作为校准的标准值，其换算公式为：校准的标准值（即正己烷换算值）＝标准气样（丙烷）浓度×换算系数。校准气样（丙烷）浓度即标准气样瓶上标明的浓度值；换算系数是分析仪的给出值，一般为 0.472～0.57。

用简易装置校准仪器，先接通简易校准开关，对于有校准位置刻度线的仪器，可用标准调整旋钮将仪表指针调整到正对标准刻度线位置。对于没有标准刻度线的仪器，要在标准气样校准后立即进行简易校准，使仪表指针与标准气样校准后的指示值重合。

3）把取样探头和取样导管安装到气体分析仪上，此时如果仪表指针超过零点，则表明导管内壁吸附有较多的 HC，需要用压缩空气或布条等清洁取样探头和导管。

（2）受检车辆或发动机的准备

1）进气系统应装有空气滤清器，排气系统应装有排气消声器，并不得有泄漏。

2）汽油应符合国家标准的规定。

3）测量时发动机冷却液和润滑油温度应达到汽车使用说明书所规定的状态。

（3）双怠速法

1）发动机由怠速工况加速至 0.7 倍的额定转速，维持 60 s 后降至高怠速（即 0.5 倍的额定转速），必要时应在发动机上安装转速计。

2）将取样探头插入排气管中，深度等于 400 mm，并固定于排气管上。

3）在高怠速状态维持 15 s 后，开始读数，读取 30 s 内排放的 CO 和 HC 的最高值和最低值，其平均值即为高怠速排放测量结果。

4）发动机从高怠速状态降至怠速状态，在怠速状态维持 15 s 后，开始读数，读取 30 s 内排放的 CO 和 HC 的最高值和最低值，其平均值即为怠速排放测量结果。

5）若为多排气管时，按步骤 1）至 4）测量其他排气管的高怠速和怠速排放测量结果，分别取各排气管高怠速排放检验结果平均值和怠速排放检验结果的平均值作为测量结果。

6）检验结束后，抽出取样探头，待仪表指针回到零位，再测量下一辆车。

注意

检测时，发动机怠速应符合规定；应选择通风良好的地方检测，严禁在有油或有机溶剂的地方检测；取样探头不用时要垂直吊挂，防止因其他污染或受损而影响检测精度。

（4）稳态加速模拟工况法

1）经预热后的车辆驶上底盘测功机的两个滚筒之间，检验员设定被检车辆的测试参数，采取车辆固定安全措施，将取样探头插入排气管中，深度等于 400 mm，并固定于排气管上。

2）将车辆加速至 25 km/h，测功机以车辆速度为 25 km/h、加速度为 1.475 m/s^2时的输出功率的50%作为设定功率对车辆加载。车辆以（25±1.5）km/h 的速度持续运转 10 s，工况计时器开始计时。计时到 25 s 后开始测量，每秒钟测量一次，计算 10 s 内的排放平均值。持续运行 90 s，测得 ASM 5025 工况数据。

3）在 25 s 到 90 s 的测量过程中，任意 10 s 内第 1 秒至第 10 秒的车速变化相对于第 1 秒在±0.5 km/h 以内，测试结果有效。在任意 10 s 内的 10 次排放平均值经修正后如满足标准限值要求，则试验结束；否则应进行下一工况（ASM 2540）试验。

4）车辆从 25 km/h 直接加速至 40 km/h，测功机以车辆速度为 40 km/h、加速度为 1.475 m/s^2时的输出功率的 25%作为设定功率对车辆加载。车辆以 40 km/h±1.5 km/h 的速度持续运转 10 s，工况计时器开始计时。计时到 25 s 后开始测量，每秒钟测量一次，计算 10 s 内的排放平均值。持续运行 90 s，测得 ASM 2540 工况数据。

5）在 25 s 到 90 s 的测量过程中，任意 10 s 内第 1 秒至第 10 秒的车速变化相对于第 1 秒在±0.5 km/h 以内，测试结果有效。在任意 10 s 内的 10 次排放平均值经修正后如满足标准限值要求，则试验结束；否则应进行复检试验。

6）复检试验按照 ASM 5025 和 ASM 2540 两个工况的试验程序及试验结果判定方法连续进行 ASM 5025 和 ASM 2540 工况试验，工况时间延长至 145 s，总试验时间为 290 s。如两个工况测试结果经修正后均满足要求，则测试结果合格，否则测试结果不合格。

7）测试完毕，取出取样探头，车辆驶离底盘测功机。

三、柴油车排气污染物检验标准

对柴油车排气污染物的检测，主要是对颗粒物与烟气排放的检测。柴油机排出的可见污染物表现在排气烟色上。排气烟色主要有黑烟、蓝烟和白烟三种。黑烟的发黑程度用排气烟度表示。

1. 国家标准 GB 3847—2005 的适用范围

国家标准 GB 3847—2005《车用压燃式发动机和压燃式发动机汽车排气烟度排放限值及测量方法》于 2005 年 7 月 1 日实施，此国家标准适用于以下范围：

（1）适用于压燃式发动机的排气烟度的检测，包括机型核准和生产一致性检查。

（2）适用于安装了机型核准已批准的压燃式发动机汽车的排气烟度检测，包括新车车型核准和生产一致性检查、新生产汽车和在用汽车的检测。

（3）适用于安装了未进行机型核准的压燃式发动机汽车排气烟度检测，包括新车车型核准和生产一致性检查、新生产汽车和在用汽车的检测。

（4）适用于燃气发动机和汽车。

2. 在用汽车的排气烟度限值

（1）该标准规定经型式核准批准车型生产的在用汽车，应进行自由加速试验——不透光烟度法，所测得的排气光吸收系数不应大于车型核准批准的自由加速排气烟度排放限值，再加 0.5 m^{-1}。稳定转速试验的烟度排放限值见表 7—4。

表 7—4　　稳定转速试验的烟度排放限值

名义流量 G（L/s）	光吸收系数 k	名义流量 G（L/s）	光吸收系数 k	名义流量 G（L/s）	光吸收系数 k
≤42	2.26	105	1.465	165	1.17
45	2.19	110	1.425	170	1.155
50	1.08	115	1.395	175	1.14
55	1.985	120	1.37	180	1.125
60	1.90	125	1.345	185	1.11
65	1.84	130	1.32	190	1.095
70	1.775	135	1.30	195	1.08
75	1.72	140	1.27	≥200	1.065
80	1.665	145	1.25		
85	1.63	150	1.225		
90	1.575	155	1.205		
95	1.535	160	1.19		
100	1.495				

备注：四冲程发动机 $G=Vn/120$。式中，G 为名义气体流量，单位为 L/s；V 为发动机气缸容积，单位为 L；n 为发动机转速，单位为 r/min。

（2）自 2001 年 10 月 1 日起至本标准实施之日生产的汽车，应进行自由加速试验——不透光烟度法，所测得的排气光吸收系数不应大于以下数值。

自然吸气式：2.5 m^{-1}。

涡轮增压式：3.0 m^{-1}。

（3）对于2001年10月1日前生产的在用汽车：自1995年7月1日起至2001年9月30日期间生产的在用汽车，应进行自由加速试验——滤纸烟度法，所测得的烟度值应不大于4.5 Rb。自1995年6月30日以前生产的在用汽车，应进行自由加速试验——滤纸烟度法，所测得的烟度值应不大于5.0 Rb。

四、柴油车排气污染物的检测

1. 滤纸式烟度计的结构和工作原理

滤纸式烟度计利用活塞式抽气泵，从柴油机排气管中抽取一定容积的废气，并使这部分废气通过一定面积的滤纸，使废气中的炭烟粒子吸附在滤纸上，使滤纸变黑，然后用一定的光线照射滤纸，并用光电池接受反射光，再根据光电池产生的电流使仪表指针偏转，把烟度用污染度百分比的形式显示出来，滤纸式烟度计结构如图7—3所示。

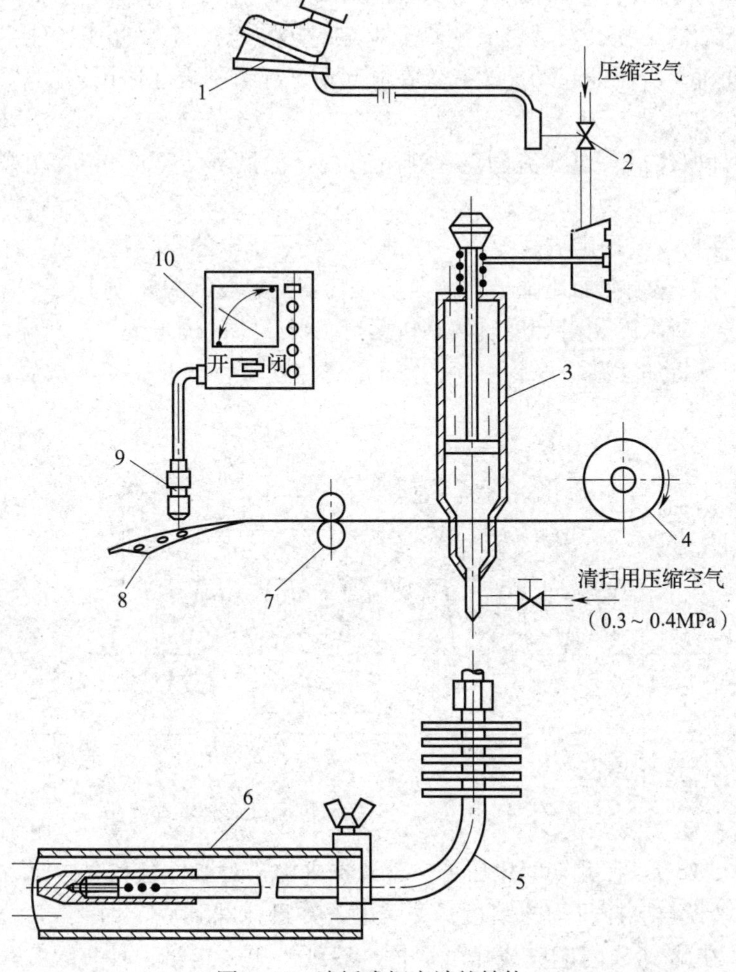

图7—3　滤纸式烟度计的结构

1—脚踏开关　2—电磁阀　3—抽气泵　4—滤纸卷　5—取样探头　6—排气管
7—进给机构　8—染黑的滤纸　9—光电传感器　10—指示仪表

滤纸式烟度计是由排气取样装置、染黑度检测与指示装置和控制装置等组成的。

2. 柴油车自由加速排气试验烟度检测方法

（1）测量前检测仪器的准备。通电之前，检查指示表指针是否在机械零点上，否则用零点调整旋钮使指针与“0”的刻度重合。通电后，仪器进行预热。用标准色纸（白滤纸和标准烟样）检查指示表指针是否符合染黑度数据，并进行调整。然后，检查取样装置和控制装置中各部件的工作情况，特别要检查脚踏开关与抽气泵动作是否同步。检查控制用和清洗用压缩空气的压力是否符合要求。检查滤纸进给机构的工作情况；检查滤纸是否合格，应洁白无污。

（2）被检测车辆的准备。发动机进气系统应装有空气滤清器，排气系统应装有消声器并且不得有泄漏。起动、预热发动机至规定的热状态。排气管应能够保证取样探头插入深度（300 mm），否则，排气管应加接管，并保证接口不漏气。必须使用生产厂规定的柴油机润滑油和未加消烟剂的柴油。发动机应预热至规定的热状态。自 1995 年 7 月 1 日起新生产柴油车装用的柴油机，应保证起动加浓装置在非起动工况下不再起作用。

（3）测量方法

1）将烟度计取样探头逆气流固定于排气管内，深度等于 300 mm，并使其中心线与排气管轴线平行。

2）吹除积存物。按规定进行 3 次，以消除排气系统中的积存物。

3）将踏板开关安装在加速踏板上端，把抽气泵压到最下端并锁止。

4）按图 7—4 所示的测量烟度时发动机运行工况模式的测量规程进行自由加速烟度的测量。先由怠速工况将加速踏板踩到底，约 4 s 后迅速松开，如此反复 3 次后将排气管内的炭渣吹掉。

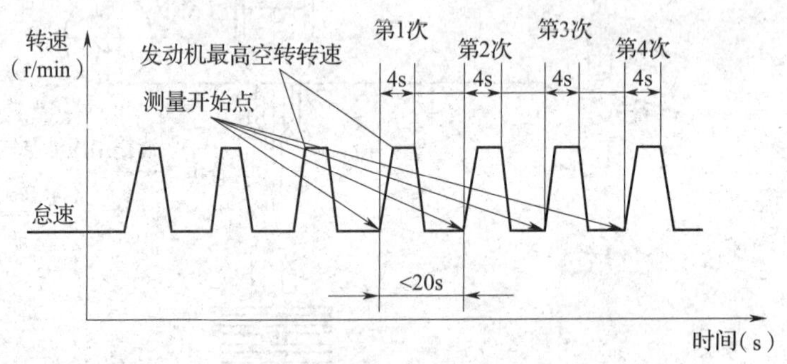

图 7—4　测量烟度时发动机运行工况模式

5）怠速运转 16 s，在此期间用压缩空气清洗机构，对取样管和取样探头吹洗 3～4 s。

6）将加速踏板与取样机构的踏板开关踩下，并迅速踩到底，约 4 s 后立刻松开，维持怠速运转 16 s。在此 20 s 内应完成排气取样、滤纸染黑、走纸、抽气泵复位、检测并指示烟度和清洗等工作。

7）再次踩下加速踏板与踏板开关，两次之间的时间间隔为 20 s，如此重复取样 4 次，对第一次采样不测量。后 3 次读数的算术平均值，即为该工况下的排气烟度值。

3. 不透光度计的结构与原理

不透光度计（又称消光式烟度计、透射式烟度计）是利用透光衰减率来测量排气烟度的典型仪器。其原理是使光束通过一段给定长度的排烟管，通过测量排烟对光的吸收程度来决定排烟对环境的污染程度，是一种直接测量的计量仪器。

如图 7—5 所示，测量单元的测量室是一根分为左右两半部分的圆管，被测排气从中间的入口 7 进入，分别穿过左圆管和右圆管，从左出口 5 和右出口 8 排出。透镜 4 装在左出口的左边，反射镜 10 装在右出口的右边。在透镜 4 的左侧是一个放置成 45°的半反射半透射镜 3，半反射半透射镜 3 的下方是绿色发光二极管 2、左边是光电转换器 1，发光二极管 2 及光电转换器 1 到透镜 4 的光程都等于透镜的焦距。因此，发光二极管 2 发出的光经过半反射半透射镜 3 的反射，再通过透镜 4 后就成为一束平行光。平行光从测量室的左出口进入，穿过左右圆管（测量室）中的烟气，从右出口射出，被反射镜 10 反射后折返，从测量室的右出口重新进入测量室，再次穿过烟气从左出口射出。射出的平行光经过透镜 4，穿过半透射镜 3，聚焦在光电转换器 1 上，并转换成电信号。排气中含烟越多，平行光穿过测量室的光能衰减越大，经光电转换器 1 转换的光电信号就越弱。

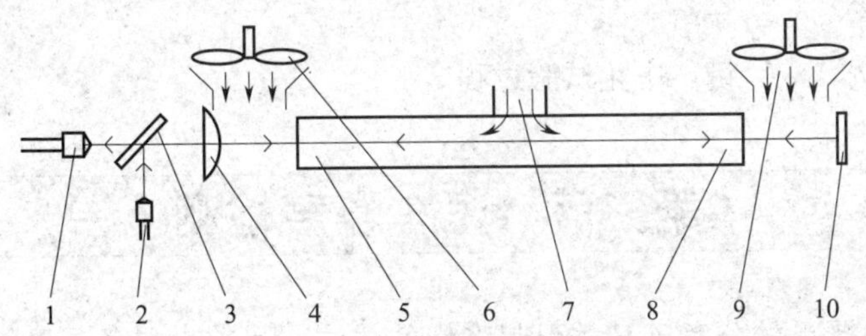

图 7—5　透光式烟度计的测量原理

1—光电转换器　2—绿色发光二极管　3—半反射半透射镜　4—透镜　5—测量室左出口　6—左风扇　7—测量室入口　8—测量室右出口　9—右风扇　10—反射镜

4. 不透光度计的使用

以南华产 NHT－1 不透光度计为例进行分析。

（1）预热。仪器接通电源预热 30 min，预热后仪器进入主菜单界面。

（2）实时测试。按“↑”“↓”键，将光标移至“实时测试”，操作员按“K”键确认，仪器进入实时测试界面。

测量每辆车前，应先按下“↓”键，使仪器自动校准一次。

将测量单元放于汽车排气管附近。测量单元不应放在废气扩散的方向。

将取样管插入车辆排气管前，应先将车辆加速踏板连续踩下 2～3 次，使发动机内的炭烟全部排出，以便测量准确。将取样管沿排气方向插入排气管约 30 cm 处。

起动车辆进行实时测试。

测试完成后，将取样探头从车辆中取出，将测量单元放回清洁处。

（3）自由加速试验。按“↑”“↓”键，将光标移至“自由加速试验”，操作员按“K”键确认，仪器进入自由加速试验界面。

被测车辆在进行测试前先预热一段时间。

起动汽车进行自由加速试验，步骤如下：

1）测量每辆车前，应先按下“↑”键，使仪器自动校准一次。

2）保持怠速，并将车辆加速踏板连续踩下2～3次，使发动机内的炭烟全部排出，以便测量准确。将取样管沿排气方向插入排气管约30 cm处。然后按“K”键确认，此时仪器正在检测车辆怠速下的排烟状况。

3）怠速检测完成后，仪器提示“请加速”，操作人员可进行自由加速试验。其方法如下：迅速踩下车辆的加速踏板，使发动机至最高额定转速，并保持，当仪器出现“请减至怠速，并保持”的提示后，立即松开加速踏板，使发动机恢复到怠速状态。测量结果会显示在屏幕左边的区域。

4）一次测试结束后会自动转入下一次测试，仪器将显示“请加速”，操作人员可重复另一次自由加速试验。

5）汽车怠速时自由加速试验至少应重复6次，如果光吸收系数示值连续4次均在0.25 m^{-1}的带宽内，并且没有连续下降趋势，则将这4次示值的算术平均值作为测量结果。

6）试验结束按“↓”键，中止试验过程。

第二节　汽车噪声检测

噪声作为一种严重的公害已日益引起人们的关注，目前世界各国已纷纷制定出控制噪声的标准。噪声的一般定义是：频率和声强杂乱无章的声音组合，造成对人和环境的影响。

随着汽车向快速和大功率方面的发展，汽车噪声已成为一些大城市的主要噪声源。汽车噪声主要包括：发动机的机械噪声、燃烧噪声、进排气噪声和风扇噪声、底盘的机械噪声、制动噪声和轮胎噪声，车厢振动噪声、货物撞击噪声，喇叭噪声和转向、倒车时的蜂鸣声等噪声。由于车辆噪声具有游走性，影响范围大，干扰时间长，因而危害比较大。

一、汽车噪声检验标准

GB 7258—2017《机动车运行安全技术条件》规定：

(1) 汽车（三轮汽车和低速货车除外）驾驶员耳旁噪声声级应不大于90 dB（A）。

测量驾驶员耳旁噪声时，汽车空载，处于静止状态且置变速器于空挡，发动机应处于额定转速状态，门窗紧闭。环境噪声应低于被测噪声值至少10 dB（A）。声级计置于“A”计权、快挡的位置。

(2) 客车以50 km/h的速度匀速行驶时，客车车内噪声声级应不大于79 dB（A）。

(3) 汽车喇叭声声级在距车前2 m，离地高1.2 m处测量时，声级标准值应为90～115 dB（A）。

（4）GB 18565—2001《运营车辆综合性能要求和检验方法》规定，汽车定置（指车辆不行驶，发动机处于空载运转状态）噪声值见表 7—5。需要说明的是，尽管 GB 18565—2016《道路运输车辆综合性能要求和检验方法》已正式发布，但检测企业仍然按照 GB 18565—2001 对车辆噪声进行检测。

表 7—5　　汽车定置噪声值

车辆类型	燃料种类		车辆出厂日期	
			1998 年 1 月 1 日以前	1998 年 1 月 1 日以后
轿车	汽油		87	85
微型客车、货车	汽油		90	88
轻型客车、货车、越野车	汽油	$n_r \leqslant 4\ 300$ r/min	94	92
		$n_r > 4\ 300$ r/min	97	95
	柴油		100	98
中型客车、货车、大型客车	汽油		97	95
	柴油		103	101
重型货车	$P \leqslant 147$ kW		101	99
	$P > 147$ kW		105	103

备注：n_r 为发动机额定转速，P 为汽车发动机额定功率。

二、声级计结构与工作原理

声级计是一种能将汽车噪声按人耳听觉特性近似地测定的仪器。

根据测量精度不同声级计可分为精密声级计和普通声级计两类，根据所用电源不同可分为交流式声级计和直流式声级计两类。

声级计一般由传声器、电子线路（包括放大器、衰减器、计权网络、检波器等）、指示仪表及电源等组成。其结构原理框图如图 7—6 所示。

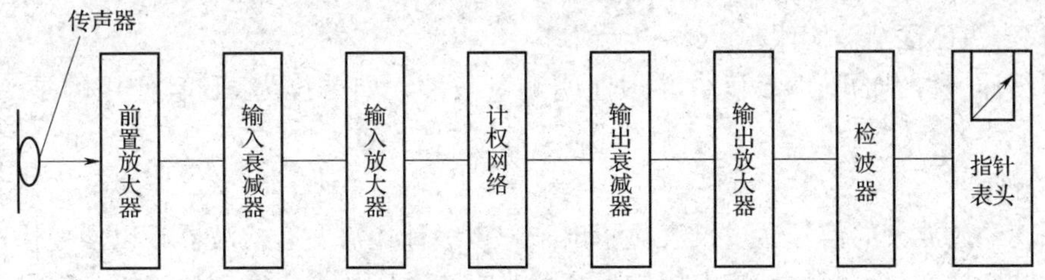

图 7—6　声级计结构原理框图

1. 传声器

传声器也称为话筒、麦克风，是将声压信号（机械能）转变为电信号（电能）的传感器，是声级计中的关键元器件之一。

传声器的种类很多，按照它们的构造不同，可以分为动圈式、电容式、压电式、半导体式传声器等多种；常用的传声器为动圈式传声器和电容式传声器。

电容式传声器如图 7—7 所示，主要由金属膜片和靠得很近的金属电极组成，实质上是一个平板电容。金属膜片与金属电极构成了平板电容的两个极板。当膜片受到声压作用时，膜片发生变形，使两个极板之间的距离发生改变，电容量也随之发生变化，从而产生交变电压，其波形在传声器线性范围内与声压级波形成比例，实现了将声压信号转变为电压信号的作用。

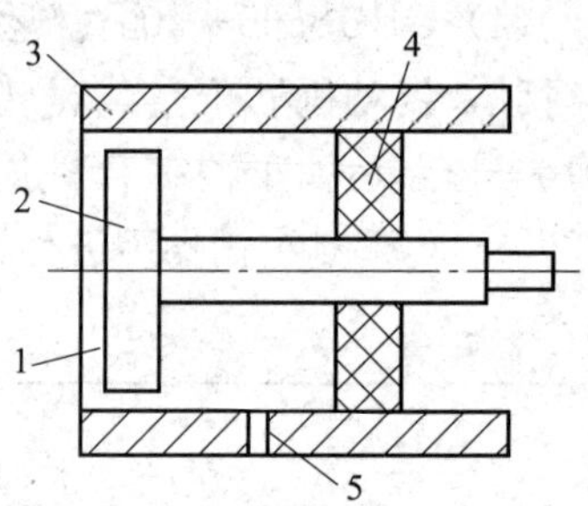

图 7—7　电容式传声器的结构
1—金属膜片　2—电极　3—壳体
4—绝缘体　5—平衡孔

电容式传声器是声学测量中比较理想的传声器，具有动态范围大、频率响应平直、灵敏度高和在一般测量环境中稳定性好等优点，得到广泛应用。由于电容式传声器输出阻抗很高，因此需要通过前置放大器进行阻抗变换。前置放大器装在声级计内部靠近安装电容式传声器的部位。

2. 放大器和衰减器

在放大线路中都采用两级放大器，即输入放大器和输出放大器，其作用是将微弱的电信号放大。输入衰减器和输出衰减器是用来改变输入信号的衰减量和输出信号衰减量的，以便使表头指针指在适当的位置上。衰减器每一挡的衰减量为 10 dB。

3. 计权网络

为了模拟人耳听觉在不同频率有不同的灵敏性，在声级计内设有能够模拟人耳的听觉特性，把电信号修正为与听感近似值的网络，这种网络称为计权网络。通过计权网络测得的声压级，已不再是客观物理量的声压级，而是经过听感修正的声压级，称为计权声级或噪声级。

计权网络一般有 A、B、C 三种。A 计权声级模拟人耳对 55 dB 以下低强度噪声的频率特性，B 计权声级模拟 55. 85 dB 的中等强度噪声的频率特性，C 计权声级是模拟高强度噪声的频率特性。三者的主要差别是对噪声低频成分的衰减程度不同，A 衰减最多，B 次之，C 衰减量最少。A 计权声级由于其特性曲线接近于人耳的听感特性，因此目前应用最广泛，B、C 计权声级已逐渐被淘汰。

从声级计上得出的噪声级读数必须注明测量条件，如单位为 dB 且使用的是 A 计权网络，则应记为 dB（A）。

4. 检波器

为了使经过放大的信号通过仪表显示出来，声级计还需要有检波器，以便把快速变化的电压信号转变成变化较慢的直流电压信号。这个直流电压的大小要正比于输入信号。根据测量的需要，检波器有峰值检波器、平均值检波器和均方根值检波器之分。峰值检波器能给出一定时间间隔中的最大值，平均值检波器能在一定时间间隔中测量其绝对平均值。在多数噪声测量中采用均方根值检波器。均方根值检波器能对交流信号进行平方、平均和开方，得出电压的均方根值，最后将均方根电压信号输送到指示仪表。

5. 指示仪表

指示表头是一只电表，只要对其刻度进行一定的标定，就可从表头上直接读出噪声级的

dB值。声级计表头阻尼一般都有“快”和“慢”两个挡。“快”挡的平均时间为0.27 s，很接近于人耳听觉器官的生理平均时间；“慢”挡的平均时间为1.05 s。当对稳态噪声进行测量或需要记录声级变化过程时，使用“快”挡比较合适；在被测噪声的波动比较大时，使用“慢”挡比较合适。

声级计面板上一般还备有一些插孔，这些插孔如果与便携式倍频带滤波器相连，可组成小型现场使用的简易频谱分析系统；如果与录音机组合，则可把现场噪声录制在磁带上储存下来，待以后再进行更详细的研究；如果与示波器组合，则可观察到声压变化的波形，并可存储波形或用照相机把波形摄制下来；还可以把分析仪、记录仪等仪器与声级计组合、配套使用，这要根据测试条件和测试要求而定。

三、汽车噪声测量方法

1. 声级计的检查与校准

(1) 在未接通电源时，先检查并调整仪表指针的机械零点。

(2) 检查干电池容量。把声级计功能开关对准“电池”，衰减器任意，此时电表指针应达到额定红线，否则读数不准，应更换电池。

(3) 打开电源开关，预热仪器10 min。

(4) 校准仪器。根据声级计上配有的电路校准“参考”位置，校验放大器的工作是否正常。电路校准后，再用已知灵敏度的标准传声器对声级计上的传声器进行对比校准。

(5) 将声级计的功能开关对准“线性”“快”挡。由于室内的环境噪声一般为40～60 dB，声级计上应有相应的示值。当变换衰减器刻度盘的挡位时，表头示值应相应变化10 dB左右。

(6) 检查计权网络。

(7) 检查“快”“慢”挡。将衰减器刻度盘调到高分贝值处（例如90 dB）。通过操作人员发声，来观察“快”挡时的指针能否跟上发音速度，“慢”挡时的指针摆动是否明显迟缓。

(8) 在投入使用时，若不知道被测噪声级多大，必须把衰减器刻度盘预先放在最大衰减位置（即1 200 dB），在实测中再逐步旋至被测声级所需要的衰减挡。

2. 定置噪声测量方法

通过定置噪声检测的数据可评价、检查机动车辆的主要噪声源——排气噪声和发动机噪声水平。

(1) 测量条件

1) 测量场地应平坦而空旷，在测试中心以25 m为半径的范围内，不应有大的反射物，如建筑物、围墙等。

2) 测试场地跑道应有20 m以上平直、干燥的沥青路面或混凝土路面。路面坡度不超过0.5%。

3) 本底噪声（包括风噪声）应比所测车辆噪声至少低10 dB。并保证测量不被偶然的其他声源所干扰。本底噪声是指测量对象噪声不存在时，周围环境的噪声。

4) 为避免风噪声干扰，可采用防风罩，但应注意防风罩对声级计灵敏度的影响。

5) 声级计附近除测量者外，不应有其他人员，如不可缺少时，则必须在测量者背后。

6）被测车辆不载重，测量时发动机应处于正常使用温度，车辆带有其他辅助设备也是噪声源，测量时是否开动，应按正常使用情况而定。

（2）排气噪声的测量。排气噪声场地和传声器位置如图 7—8 所示。

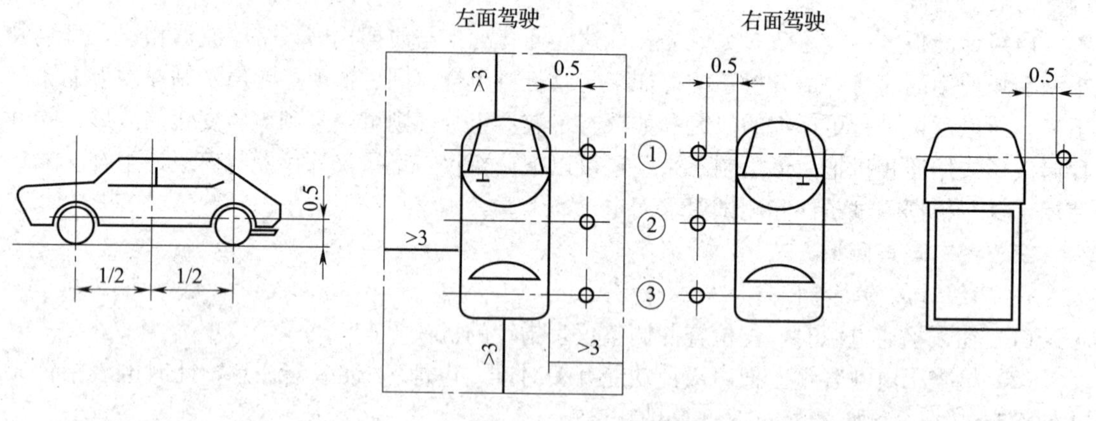

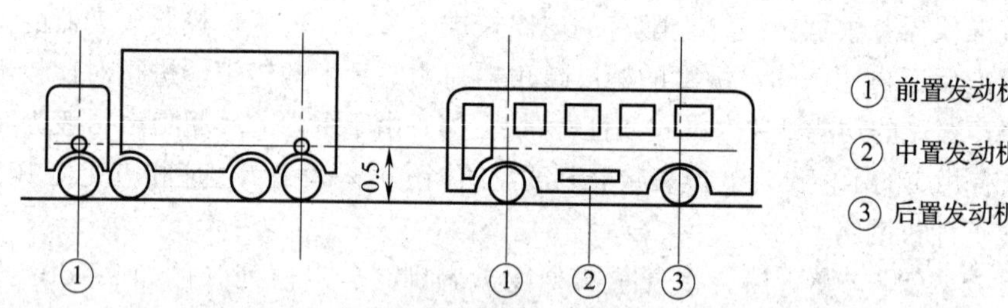

图 7—8　排气噪声场地和传声器位置（单位：m）

1）传声器位置。传声器与排气口等高，在任何情况下距地面不得小于 0.2 m。

传声器的参考轴应与地面平行，并和通过排气口气流方向且垂直于地面的平面成 45°±10°的夹角。传声器朝向排气口，距排气口端 0.5 m，放在车辆外侧。

车辆装有两个或更多的排气管，且排气管之间的间隔不大于 0.3 m，并连接于一个消声器时，只需取一个测量位置。传声器应选择离地面最高的一个排气管。

装有多个排气管，且排气管之间的间隔大于 0.3 m 的车辆，对每一个排气管都要测量，并记录最高声级。

排气管垂直向上的车辆，传声器放置高度应与排气管等高，传声器朝上，其参考轴应垂直于地面。传声器应放在离排气管较近的车辆一侧，并距排气口端 0.5 m。

2）发动机运转条件。发动机测量转速（$3n_{max}/4 \pm 50$）r/min。

测量时，发动机稳定在上述转速后，测量由稳定转速尽快衰减到怠速过程噪声，并记录最高声级。

每个测量点重复进行试验，直到连续出现三个读数的变化范围在 2 dB 之内为止，并取算术平均值作为测量结果。

(3) 发动机噪声测量。发动机噪声场地和传声器位置如图 7—9 所示。

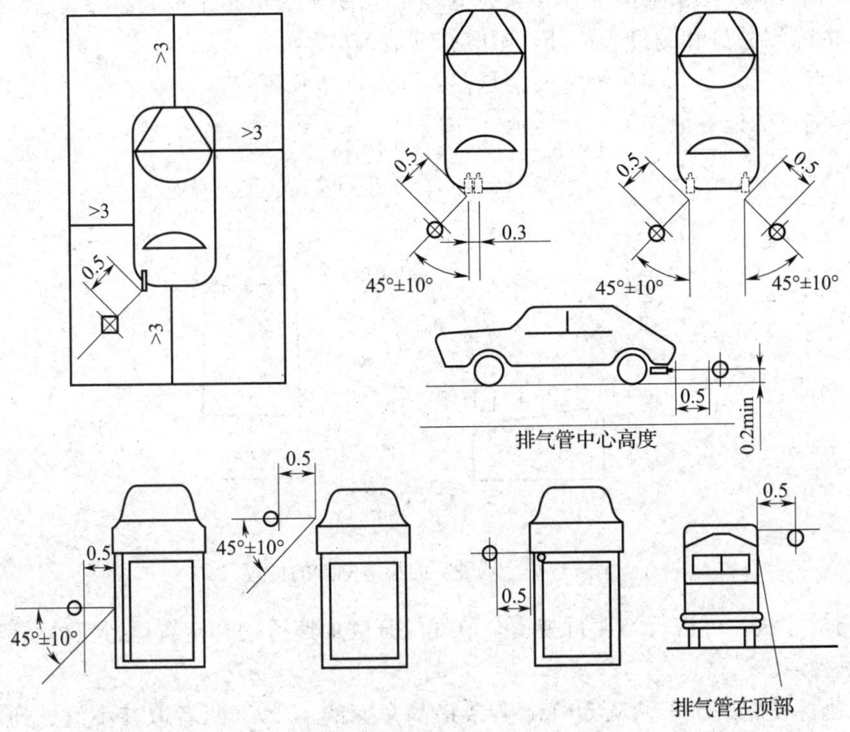

图 7—9　发动机噪声场地和传声器位置（单位：m）

1）传声器位置。传声器放置高度距地面 0.5 m，并朝向车辆，放在没有驾驶员位置的一侧，距车辆外廓 0.5 m，传声器参考轴平行于地面，位于一垂直平面内，该垂直平面的位置取决于发动机的位置。

发动机前置：垂直面通过前轴。

发动机后置：垂直面通过后轴。

发动机中置：垂直面通过前后轴距的中点。

2）发动机运转条件。发动机测量转速（$3n_{max}/4\pm50$）r/min。

测量时，发动机从怠速尽可能快地加速到规定转速，并用一种适当的装置保持必要长的时间。测量发动机从怠速加速到稳定转速过程的噪声，记录最高声级。

每个测量点重复进行试验，直到连续出现三个读数的变化范围在 2 dB 之内为止，并取算术平均值作为测量结果。

3. 车内噪声测量

(1) 车内噪声测量条件

1）测量跑道应有足够试验需要的长度。应是平直、干燥的沥青路面或混凝土路面。

2）测量时风速（指相对于地面）应不大于 3 m/s。

3）测量时车辆门窗应关闭。车内带有其他辅助设备是噪声源，测量时是否开动，应按正常使用情况而定。

4）车内本底噪声比所测车内噪声至少低 10 dB，并保证测量不被偶然的其他声源所干扰。

5）车内除驾驶员和测量人员外，不应有其他人员。

（2）测点位置。车内噪声测量通常是在人耳附近布置测点，传声器朝车辆前进方向。驾驶室内噪声测点的位置如图 7—10 所示。

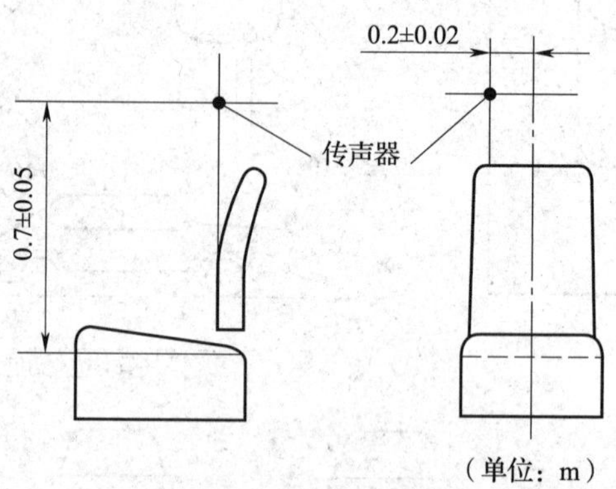

图 7—10　驾驶室内噪声测点的位置

（3）测量方法。可进行匀速行驶、全节气门开度加速行驶和定置运行三种试验的两种试验测取车辆噪声。

1）匀速行驶测试。车辆从 60 km/h 或最高车速的 40%（两者取其小值）到 120 km/h 或最高车速的 80%（两者取其小值）范围内，至少以等间隔的 5 种车速进行 A 声级测试，测量方法按下述方法之一进行。

方法一：车辆按上述规定的车速范围内作慢加速行驶，加速度足够小，以测得与稳定车速行驶相同的声级，在所选择的车速上读取 A 声级数值。

方法二：汽车在最高挡，以所选择的车速匀速行驶，读取相应的声级数值，测量时间至少 5 s。

2）全节气门开度加速试验。将车速或发动机转速调整到所规定的初始工作状态。

①变速器处于最高挡，使噪声测试仅可能在不超过 120 km/h 的车速下完成。

②如果当发动机转速为额定转速的 90%时，最高挡车速超过 120 km/h，则变速器应降低一挡，但对于 4、5 挡汽车不得低于 3 挡，3 挡汽车不得低于 2 挡。否则必须使用此挡在 60～120 km/h 的速度范围内来测试汽车的车内噪声。

③汽车发动机的初始转速不应低于额定转速的 45%，除非在最低允许挡位下，在额定转速的 90%时，车速仍然超过 120 km/h，此时，开始时发动机的转速应对应于 60 km/h 的车速。

当车速达到稳定的初始状态，尽可能快地将节气门全开，同时起动记录装置开始记录，直到发动机转速达到规定的额定转速的 90%或达到 120 km/h 车速（两者取其小值）。

记录加速度范围内出现的 A 计权声级最大值。

3）车辆定置试验。变速器置于空挡，使发动机在低速运转。

将车辆节气门尽可能快地完全打开，使发动机加速到高速，并在此位置保持至少 5 s。

记录怠速时 A 计权声级读数和节气门全开过程中最大声级级数。

4. 汽车喇叭噪声测量

城市用汽车喇叭声的测点位置如图 7—11 所示。测量时应注意不被偶然的其他声源峰值所干扰。测量次数宜 2 次以上，并注意监听喇叭声音是否悦耳。

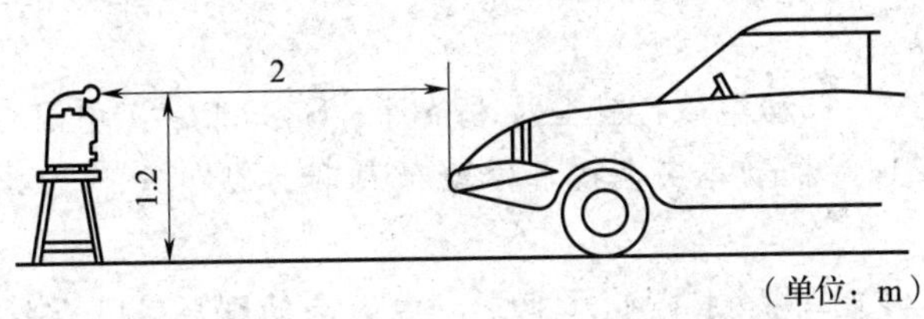

图 7—11　汽车喇叭声的测点位置

参 考 文 献

1. GB 7258—2017. 机动车运行安全技术条件［S］. 北京：中国标准出版社，2017.
2. GB 21861—2014. 机动车安全技术检验项目和方法［S］. 北京：中国标准出版社，2014.
3. 黎巧云. 汽车修理与检测［M］. 北京：中国劳动社会保障出版社，2004.
4. 凌永成，刘树伟. 汽车检测诊断技术［M］. 北京：清华大学出版社，2009.
5. 胡光辉，李泉胜. 汽车性能检测与故障诊断［M］. 北京：机械工业出版社，2008.
6. 夏均忠. 汽车检测技术与设备［M］. 北京：机械工业出版社，2009.
7. 廖忠诚. 汽车检测技术［M］. 北京：化学工业出版社，2009.
8. 赵英勋. 汽车检测与诊断技术［M］. 北京：机械工业出版社，2008.
9. 吴文林. 汽车检测与诊断运作［M］. 北京：北京邮电大学出版社，2007.
10. 邹小明. 汽车检测与诊断技术［M］. 北京：机械工业出版社，2007.
11. 陈焕江. 汽车检测与诊断［M］. 北京：机械工业出版社，2009.